中等职业学校
课程改革新教材

Qiche Baoxian yu Lipei
汽车保险与理赔

主　　　编　张瑶瑶　伍鸿平
副 主 编　雍朝康　王　虹　曾　蕾
丛书总主审　朱　军

人民交通出版社股份有限公司
China Communications Press Co.,Ltd.

内 容 提 要

本书是中等职业学校课程改革新教材之一,主要内容包括:认识汽车保险、选择汽车保险险种、制订汽车保险投保方案、汽车保险承保、续保和退保、认识汽车保险理赔、事故车辆的查勘与定损和汽车保险赔款结案。

本书可作为中等职业学校汽车运用与维修专业、汽车车身修复专业、汽车整车与配件营销专业的教材,也可供汽车保险及相关从业人员参考阅读。

图书在版编目(CIP)数据

汽车保险与理赔 / 张瑶瑶,伍鸿平主编. —北京:
人民交通出版社股份有限公司,2019.8
ISBN 978-7-114-15636-6

Ⅰ.①汽… Ⅱ.①张… ②伍… Ⅲ.①汽车保险—理赔—中国—中等专业学校—教材 Ⅳ.①F842.634

中国版本图书馆 CIP 数据核字(2019)第 122878 号

书　　名:	汽车保险与理赔
著 作 者:	张瑶瑶　伍鸿平
责任编辑:	戴慧莉
责任校对:	刘　芹
责任印制:	张　凯
出版发行:	人民交通出版社股份有限公司
地　　址:	(100011)北京市朝阳区安定门外外馆斜街 3 号
网　　址:	http://www.ccpcl.com.cn
销售电话:	(010)59757973
总 经 销:	人民交通出版社股份有限公司发行部
经　　销:	各地新华书店
印　　刷:	北京市密东印刷有限公司
开　　本:	787×1092　1/16
印　　张:	10.75
字　　数:	278 千
版　　次:	2019 年 8 月　第 1 版
印　　次:	2021 年 11 月　第 2 次印刷
书　　号:	ISBN 978-7-114-15636-6
定　　价:	29.00 元

(有印刷、装订质量问题的图书由本公司负责调换)

中等职业学校
课程改革新教材编委会

(排名不分先后)

主　　任：王永莲(四川交通运输职业学校)　　王德平[贵阳市交通(技工)学校]

副 主 任：韦生键(成都汽车职业技术学校)　　陈晓科(郴州工业交通学校)

　　　　　张扬群(重庆市渝北职业教育中心)　　刘高全(四川科华高级技工学校)

　　　　　蒋红梅(重庆立信职业教育中心)　　余波勇(郫县友爱职业技术学校)

　　　　　姜雪茹(成都市工业职业技术学校)　　袁家武[贵阳市交通(技工)学校]

　　　　　黄　轶(重庆巴南职业教育中心)　　徐　力(成都工程职业技术学校)

　　　　　张穗宜(宜宾市工业职业技术学校)　　刘新江(四川交通运输职业学校)

委　　员：柏令勇　杨二杰　黄仕利　雷小勇　钟　声　夏宇阳　陈　瑜　袁永东

　　　　　雍朝康　黄靖淋　何陶华　胡竹娅　税发莲　张瑶瑶

　　　　　盛　夏(四川交通运输职业学校)

　　　　　谢可平　王　健　李学友　姚秀驰　王　建　汤　达

　　　　　侯　勇[贵阳市交通(技工)学校]

　　　　　王丛明　陈凯镁(成都市工业职业技术学校)

　　　　　韩　超(成都工程职业技术学校)

　　　　　向　阳　秦政义　曾重荣(成都汽车职业技术学校)

　　　　　袁　亮　陈淑芬　李　磊(郴州工业交通学校)

　　　　　向朝贵　丁　全(郫县友爱职业技术学校)

　　　　　石光成　李朝东(重庆巴南职业教育中心)

　　　　　唐守均(重庆市渝北职业教育中心)

　　　　　夏　坤(重庆立信职业教育中心)

　　　　　周　健　向　平(四川科华高级技工学校)

　　　　　伍鸿平(宜宾市工业职业技术学校)

丛书总主审：朱　军

秘　　书：戴慧莉

前言

本套"中等职业学校课程改革新教材",自2010年首次出版以来,多次重印,被全国多所中等职业院校选为汽车运用与维修专业教学用书,受到了广大师生的好评。2012年根据教学需求,本套教材进行了修订,使之在结构和内容上与教学内容更加吻合,更注重对学生实践能力的培养。

为了体现现代职业教育理念,贴近汽车运用与维修专业实际教学目标,促进"教、学、做"更好地结合,突出对学生技能的培养,使之成为技能型人才,2018年8月,人民交通出版社股份有限公司吸收教材使用院校的意见和建议,组织相关老师,经过充分认真研究和讨论,确定了修订方案,再次对本套教材进行了修订。

《汽车保险与理赔》是在此次修订中根据教学需要新增加的教材,按照汽车保险企业的真实工作过程来设置学习任务,学习任务内容均是通过企业调研和教学团队研讨转化而来,保证学习任务中的知识和技能即是企业工作需要。主要有以下特色:

(1)根据国家职业标准,以综合职业能力为培养目标,通过典型工作任务分析,构建课程体系,并以具体工作任务为学习载体,按照工作过程和学习者自主学习要求设计和安排教学课程。

(2)根据企业真实工作内容创设任务情景,在任务设置时充分考虑学习与实际工作的结合,注重"工学一体"。

(3)体现"能力本位",不仅注重专业技能的培养,也注重培养学生的沟通表达、团队协作、质量意识等综合职业能力,为学生更好地适应未来的职业发展打下基础。

(4)采用行动导向教学,每个学习任务的设置均是以任务为导向,在完成任务的过程中,注重培养学生分析问题和解决实际问题的能力。

(5)融入了目前当地最新的汽车保险营销及理赔政策,以及保险行业对保险从业人员的最新要求,内容全面,覆盖面广且实用性强。

本书由四川交通运输职业学校张瑶瑶、四川省宜宾市工业职业技术学校伍鸿平担任主编,四川交通运输职业学校雍朝康、王虹、曾蕾担任副主编,四川省宜宾市工业职业技术学校朱生月、成都市技师学院王艳、四川交通运输职业学校胡竹娅、万宏、蒋蜜参加编写。

限于编者水平,书中难免有疏漏和错误之处,恳请广大读者提出宝贵建议,以便进一步修改和完善。

中等职业学校
课程改革新教材编委会
2019 年 2 月

目 录

学习任务一　认识汽车保险 ··· 1
　子任务 1　选择风险管理方法 ··· 2
　子任务 2　汽车保险的含义及基本术语 ·· 8
学习任务二　选择汽车保险险种 ·· 19
　子任务 1　认识机动车交通事故责任强制保险 ······································· 20
　子任务 2　认识机动车损失险 ·· 26
　子任务 3　认识机动车第三者责任险 ··· 34
　子任务 4　认识机动车车上人员责任险 ·· 37
　子任务 5　认识机动车全车盗抢险 ·· 42
　子任务 6　认识机动车主要附加险 ·· 45
学习任务三　制订汽车保险投保方案 ·· 51
　子任务 1　分析机动车面临的风险 ·· 52
　子任务 2　选择汽车保险投保途径 ·· 57
　子任务 3　选择保险公司 ·· 62
　子任务 4　制订汽车保险投保方案 ·· 65
学习任务四　汽车保险承保 ·· 70
　子任务 1　汽车保险投保 ·· 71
　子任务 2　汽车保险承保流程 ·· 77
　子任务 3　汽车保险合同的变更与终止 ·· 81
学习任务五　续保和退保 ··· 86
　子任务 1　汽车保险续保 ·· 87
　子任务 2　汽车保险退保 ·· 91
学习任务六　认识汽车保险理赔 ·· 94
　子任务 1　汽车保险理赔业务的原则 ··· 95
　子任务 2　汽车保险理赔业务流程和工作内容 ······································ 102

学习任务七　事故车辆的查勘与定损 …… 111
　子任务1　交通事故的认定 …… 112
　子任务2　事故车辆的查勘 …… 123
　子任务3　事故车辆的定损 …… 135
学习任务八　汽车保险赔款结案 …… 152
　子任务1　损失补偿原则 …… 153
　子任务2　汽车保险核赔与结案 …… 158
参考文献 …… 164

学习任务一　认识汽车保险

学习目标

1. 能够理解风险的含义和要素；
2. 能够知道风险管理的过程以及风险管理与保险的关系；
3. 能够理解汽车保险的含义和作用；
4. 能够与客户进行良好有效的沟通，了解客户的用车信息，锻炼沟通表达能力和灵活应变能力；
5. 能够运用所学知识，结合客户实际情况，为客户分析其所面临的风险；
6. 能通过网络查询相关资料，并结合所学知识，帮助客户选择风险管理方法；
7. 能够理解汽车保险的基本术语，并能准确叙述汽车保险的常用术语及其含义；
8. 能够通过所学知识，流畅地为客户说明汽车保险的含义和作用，帮助客户深层次地认识汽车保险；
9. 能够灵活运用所学知识，从风险类型和风险管理方法着手，帮助客户解决风险管理方面的问题。

学习内容

1. 风险的含义及构成要素；
2. 风险的特征；
3. 车主面临的风险；
4. 风险管理的含义和目标；
5. 风险处理的方法；
6. 汽车保险的含义及作用；
7. 汽车保险的基本术语及其含义。

建议学时：18学时。

 任务描述

李女士是一名公司白领，于2019年在一汽—大众4S店购买了一辆新迈腾车，用于上下班代步以及家庭用车。李女士在投保时有些疑虑，她知道自己的爱车面临着风险，但不清楚具体面临哪些风险及如何避免这些风险的发生。同时，她知道交强险是必须投保的，但她对是否需要投保商业保险并不清楚。李女士也试图通过网络查询了解相关信息，但太多的保险术语让她无法很好地理解。作为汽车保险销售人员，请你从专业角度帮助李女士分析其

所面临的风险,合理选择风险管理方法,解决她的疑虑。

李女士的疑虑正是每一位购买新车车主的疑虑,汽车保险销售人员要帮助车主分析其可能面临的风险,通过什么方法能使车主的风险得到最大的保障。作为汽车保险销售人员,请你从专业角度帮助客户分析其所面临的风险,并从风险的类型和风险管理方法等方面着手,帮助客户解决风险管理的问题。同时,为了更好地与客户沟通,你需要为客户解释汽车保险的含义及相关保险术语,这样,才能让李女士清楚地了解并放心地购买汽车保险,解决其疑虑。

子任务1　选择风险管理方法

一、知识准备

(一)风险

1. 风险的含义

所谓风险,是指在特定的情况和期间内,某种损失发生的可能性。风险的不确定性表现在以下三个方面:

(1)是否发生不确定;

(2)什么时间发生不确定;

(3)发生后的结果或损失不确定。

2. 风险的构成要素

风险是由风险因素、风险事故和损失构成。这三要素的共同作用,决定了风险的存在、发生和发展。

1)风险因素

风险因素是指引起或促使风险事故发生的条件和原因,是造成损失的间接或内在的原因。根据其性质,通常把风险因素分成实质风险因素、道德风险因素和心理风险因素三种。

(1)实质风险因素,也称物质风险因素,是指有形的并能直接影响事物物理功能的因素。即某一标的的本身所具有的足以引起或增加损失机会和损失幅度的客观原因和条件,人力无法左右和控制,如:汽车制动失灵、地壳的异常变化(地震等,如图1-1所示)、恶劣的气候、疾病传染等。

(2)道德风险因素,是指与人的品德有关的无形因素,如欺诈、纵火、贪污、盗窃、偷工减料和违规超车等,这些不道德的行为必然会增加风险发生的频率并加大损失程度。

(3)心理风险因素,是指与人的品德有关的无形因素,如酒后驾车、驾驶故障车辆、疲劳驾驶、依赖保险的心理、外出忘记锁门、电线老化未及时更换等。

2)风险事故

风险事故是指造成损失的直接或外在原因。风险事故意味着风险已经发生,它使风险的可能性转变成了现实,例如车祸就是风险事故的一种,如图1-2所示。

图1-1　地壳的异常变化(地震)

图1-2　因雨天路滑引起的车祸

3）损失

损失是指非故意的、非计划的、非预期的经济价值减少。判断是否属于风险管理中的损失，必须满足两个要素：一是经济价值的减少且必须能以货币来衡量；二是非故意、非计划和非预期。损失可分为直接损失和间接损失。

风险因素、风险事故和损失之间的关系如图1-3所示。风险因素可能引起风险事故，而风险事故必然导致损失的发生，三者是一个统一体，缺一不可。

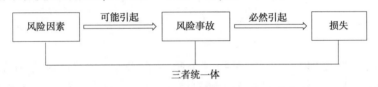

图1-3　风险因素、风险事故、损失三者关系示意图

3. 风险的特征

1）客观性

风险是客观存在的，不以人的主观意志为转移。人们只能在一定的时间和空间内改变风险存在和发生的条件，降低风险事故发生的频率(概率)和损失程度，而不可能彻底消灭全部风险。

2）普遍性

当今社会面临着各种各样的风险，如生、老、病、残、死、意外伤害等(图1-4)。随着科学技术的发展和生产力的提高，还会不断产生新的风险，且风险事故造成的损失也会越来越大。因此，风险无处不在，无时不有。

3）偶然性

个体风险具有偶然性，是否发生、发生时间和发生后果都是不确定的。但总体来说，大量风险事故的发生又具有必然性。如对个体而言，车祸是否会发生、发生的时间及后果都是不确定的、偶然的，但对驾车人整体而言，车祸的发生又具有必然性。

图1-4　意外伤害

4）不确定性

风险的不确定性主要表现在空间和时间上的不确定以及损失程度的不确定。大家都知道面临着各种风险，但是无法确定风险在哪里发生、何时发生。

5)可变性

可变性是指风险在一定条件下可以转化。风险的变化,有量的变化,也有质的变化,还有风险的消失到产生新风险的变化。风险变化的原因是风险因素的改变,这种改变主要来自科技和文明的进步。

(二)风险管理

1. 风险管理的含义

风险管理就是以最小的成本获得最大安全保障的一种管理行为。从本质上讲,风险管理是应用一般的管理原理去管理一个组织的资源和活动,并以合理的成本尽可能地减少意外事故损失及其对组织和环境的不利影响。

风险管理的目标是以最小的成本获得最大的安全保障。

2. 风险管理的程序

对风险进行管理时需要一系列的程序(图1-5),主要包括风险识别、风险衡量(或风险评估)、风险处理、风险管理效果评估四个实质性阶段。

图1-5 风险管理的程序

1)风险识别

风险识别是风险管理的第一步,是指对企业、家庭或个人面临的和潜在的风险加以判断、归类和对风险性质进行鉴定的过程。即对尚未发生的、潜在的和客观存在的风险进行系统、连续的识别和归类,并分析风险产生的原因。

2)风险衡量

风险衡量又称风险评估,是在风险识别的基础上,通过对所收集的大量资料进行分析,利用概率统计理论,估计和预测风险的发生概率和损失程度,其最终目的是为正确选择处理风险的方法提供依据。

3)风险处理

风险处理是风险管理中最为重要的环节。风险处理方法分为控制型和财务型两大类,如图1-6所示。各种方法之间既有区别又相互联系,在具体运用过程中须有机地结合起来加以灵活运用。

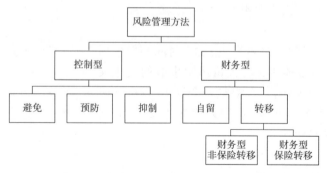

图1-6 风险管理方法结构图

(1)控制型风险管理方法是在风险分析的基础上,针对所存在的风险因素采取控制技术,以降低风险事故发生的概率和损失程度。控制型风险管理方法主要包括以下三种方法。

①风险避免。避免是指设法回避损失发生的可能性,从根本上消除特定风险的措施。主要在某特定风险所致损失频率和损失幅度相当高时或处理风险的成本大于其产生的效益时采用。

②损失预防。损失预防是指在风险损失发生前,为了消除或减少可能引起损失后存在各种风险因素而采取的具体措施。通常采用物质手段和行为教育两种方法。

③损失抑制。损失抑制是指在损失发生时或发生之后为缩小损失幅度而采取的各项措施。它通常用于损失可能性较高且风险又无法避免或转嫁的情况。

(2)财务型风险管理方法是以提供资金的方式,降低发生损失的成本,即通过事故发生前的财务安排,来解除事故发生后给人们造成的经济困难和精神忧虑,为恢复企业生产、维持家庭正常生活等提供财务支持。财务型风险管理方法主要包括以下两种方法。

①自留。自留是指通过财务手段自我承担风险损害后果的方法。它分为主动自留和被动自留,通常用在损失的频率和幅度低,损失在短期内可以预测且最大损失不会影响到财务稳定的场合。

②转移。转移是指一些单位或个人,为避免承担损失而有意识地将损失或与损失有关的财务后果,转嫁给另一些单位或个人去承担的一种风险管理方式。转移风险又包含财务型非保险转移和财务型保险转移两种方法。财务型非保险转移就是指经济单位将自己可能的风险损失所导致的财务负担转移给保险人以外的其他经济单位的风险控制方法。财务型保险转移就是将风险损失所导致的财务负担转移给保险人的风险控制方法,如图1-7所示。

图1-7 财务型保险转移

人们会面临各种风险损害。一部分风险损害可以通过控制的方法消除或减小,而另一部分风险损害只能通过风险转移的方法来解决。当出现靠自身的财力也难以解决的风险损害时,只有通过保险,人们才能以确定的小额支出将自己不确定的巨额损失转嫁给保险公司。只有保险才能做到以最小的成本获得最大的安全保障,所以,保险是风险处理的有效措施。

(三)风险与保险的关系

保险是研究风险中的可保风险,两者研究的对象都是风险。风险与保险关系密切,主要表现在以下几个方面。

(1)风险是保险产生和存在的前提,风险的存在是保险关系确立的基础。风险是客观存在的,不以人的意志为转移,时时处处威胁着人的生命和物质财产的安全。风险发生才产生了人们对损失进行补偿的需要,而保险则是被社会普遍接受的经济补偿方式。

(2)风险的发展是保险发展的客观依据。社会的发展、生产的发展以及新科学技术的应用在克服原有风险的同时,也带来了新的风险。新的风险促使保险业不断地设计新的险种、开发新的业务,促进了保险的发展。

(3)保险是风险处理传统且有效的措施。人们在面对各种风险造成的损失时,如果单靠自身的力量去解决,需要预留与自身财产价值等量的后备基金,既造成了资金的浪费,又难以解决巨额损失的补偿问题。通过保险,可以把不能自行承担的风险转嫁给保险人,以最小的固定支出换取最大的经济保障,如图1-8所示。

(4)保险经营效益受风险管理方法的制约。保险经营效益受多种因素的制约,而风险管理方法是其中非常重要的因素。对风险的识别是否全面,对风险发生的概率和损失的程度预估是否准确,哪些风险可以承保等,都制约着保险的经营效益。

图1-8　风险转嫁给保险人换取最大经济保障

(四)汽车保险的作用

1. 稳定公共秩序

汽车保险能有效地为交通事故的受害者提供经济补偿,就国家层面而言,汽车保险发挥了社会保障的功能,维护了社会的稳定。

2. 保障车主的人身安全和财产安全

车主可以通过保险将用车的风险转嫁给保险公司,让车主和被保险的车辆都多了一份安全保障。

3. 促进汽车安全

保险公司为车主承担了用车的风险,它会积极投入人力和财力主动参与,配合汽车生产厂商开发更为安全的汽车。

二、任务实施

(一)任务目标

(1)能够与客户进行良好有效的沟通,了解客户的用车信息,收集客户用车信息的要素。

(2)能够根据收集的客户用车信息,正确规范地完成客户档案表的填写。

(3)能够运用所学知识,结合客户实际情况,为客户分析其所面临的风险,完成风险评估分析报告。

(4)能够灵活运用所学知识,从风险类型和风险管理方法着手,帮助客户解决风险管理方面的问题。

(二)准备工作

实训用车辆、保险客户档案表、风险评估分析报告。

(三)工作内容

(1)与客户李女士进行良好有效的沟通,收集李女士用车信息的要素;按照"客户档案表"(表1-1)内容记录客户的用车信息。

考核要点:

①能否与李女士进行良好有效的沟通,沟通过程中注意礼仪,体现专业性。

②能否按照"客户档案表"的内容获取李女士的用车信息并准确地记录,完成客户档案表的填写。

客户档案表　　　　　　　　　　　　　　　表1-1

保险客户档案表			
营销人员：	填表日期：		编号：
基本信息			
车主：	车牌号：	发动机号：	车架号：
购车日期：	车型：	驾龄：	
电话：			
用车区域：			
生活习惯：			
车辆用途：			
家庭成员(用车及乘车)	1.	2.	3.
	4.	5.	6.
是否购买人身意外伤害险			
是否有固定停车地点：	有□　无□	地下停车场□	路面停车位□

(2)运用所学知识,结合李女士的实际情况,分析其所面临的风险,完成"风险评估分析报告"的填写(表1-2),并选择合适的风险管理方法。

考核要点：

①能否帮助李女士充分分析其所面临的风险。

②能否为李女士正确清楚地介绍各种风险管理方法。

③能否帮助李女士选择合适的风险管理方法,并说出选择的理由。

风险评估分析报告　　　　　　　　　　　　　表1-2

客户用车情况	面临的风险	风险管理的方法	选择理由	评估结果 (风险管理方法选择)
1.	1.	1.	1.	风险管理方法：
2.	2.	2.	2.	
3.	3.	3.	3.	
4.	4.	4.	4.	选择理由：
5.	5.	5.	5.	
6.	6.	6.	6.	

三、评价反馈

1. 自我评价

(1)对本次学习任务的学习,你自己满意吗?

(2)你能说出风险管理的方法吗？
_____

(3)你能独立完成对客户用车信息的收集工作吗？
_____

(4)你能帮助客户分析其所面临的风险吗？
_____

(5)你能帮助客户选择合适的风险管理方法吗？
_____

2．小组评价
(1)你们小组在接到任务之后就如何完成任务进行组内讨论了吗？
_____

(2)你们小组在完成任务过程中有明确的分工吗？
_____

(3)你们小组在完成任务过程中组员都积极参与、相互配合吗？
_____

(4)你们小组在完成任务过程中注重礼仪并锻炼了沟通表达能力吗？
_____

3．教师评价
(1)小组综合表现：
_____

(2)优势：
_____

(3)待提升之处：
_____

四、学习拓展

李女士在使用车辆一年后，车辆保险到期需要续保，而此时李女士家庭添了新成员。且李女士的车辆除了上下班代步外，还经常自驾带家人外出。请你为李女士重新分析其所面临的风险，并选择合适的风险管理方法。

子任务2　汽车保险的含义及基本术语

一、知识准备

(一)保险的含义

保险是转嫁风险的一种手段和方法。

从经济角度看，保险是分摊意外事故损失的一种财务安排。

从法律角度看，保险是一种合同行为，是一方同意补偿另一方损失的一种合同安排。

从社会角度看,保险是社会经济保障制度的重要组成部分。

从风险管理角度看,保险是风险管理的一种方法,通过保险,可以起到分散风险、消化损失的作用。

综上所述,保险的含义应该包括四方面内容:一是指商业保险行为;二是合同行为;三是权利义务行为;四是经济补偿或保险金给付以合同约定的保险事故发生为条件。

因此,《中华人民共和国保险法》将保险定义为:保险是指投保人根据合同约定,向保险人支付保险费,保险人对于合同约定的可能发生的事故,因其发生而造成的财产失承担赔偿全责任,或者当被保险人死亡、伤残和达到合同约定的年龄、期限时承担给付保险金的义务的商业保险行为。

(二)保险的基本术语

1. 保险标的与保险

(1)保险标的。保险标的就是保险所保障的对象。

(2)保险的分类。

①强制保险和商业保险。必须投保否则就违法的保险就是强制保险,如车险中的交强险;可以自愿投保的保险就是商业保险,如在汽车保险中,交强险以外的其他险种。

②财产保险、人身保险和责任保险。财产保险就是以财产及其有关利益作为保险标的的保险,如车损险、全车盗抢险、车身划痕险等;人身保险就是以人的寿命和身体作为保险标的的保险,如人寿保险、健康保险、意外伤害保险;责任保险就是以被保险人的经济赔偿责任作为保险标的的保险,如商业第三者责任险、车上人员责任险等。

③定值保险和不定值保险。定值保险就是在订立保险合同时,投保人和保险人事先确定保险标的的保险价值,并将其载明于合同中的保险合同,如人寿保险;不定值保险就是指投保人和保险人在订立保险合同时不预先确定保险标的的保险价值,仅载明保险金额作为保险事故发生后赔偿最高限额的保险合同,如财产保险、医疗保费等。

④机动车辆保险。汽车保险正式名称为机动车辆保险。机动车辆保险就是以机动车本身及其相关利益作为保险标的的不定值保险。

2. 机动车辆保险合同中的三种人

(1)投保人。投保人是指与保险人订立保险合同,并按照合同约定负有支付保险费义务的人。

(2)保险人。保险人是指与投保人订立保险合同,并按照合同约定承担赔偿或者给付保险金责任的保险公司。因为保险合同是由投保人和保险人直接订立的,所以投保人和保险人又称合同的当事人。

(3)被保险人。被保险人是指其财产或者人身受保险合同保障,享有保险金请求权的人。投保人可以为被保险人。

3. 保险合同的主要形式

1)投保单

投保单就是投保人要求投保的书面要约,是保险合同的重要组成部分,也是保险公司进行核保及核定给付、赔付的重要原始资料(图1-9)。投保单只是投保人申请投保的一种书面凭证,在保险公司正式签发保单后会自动失效。

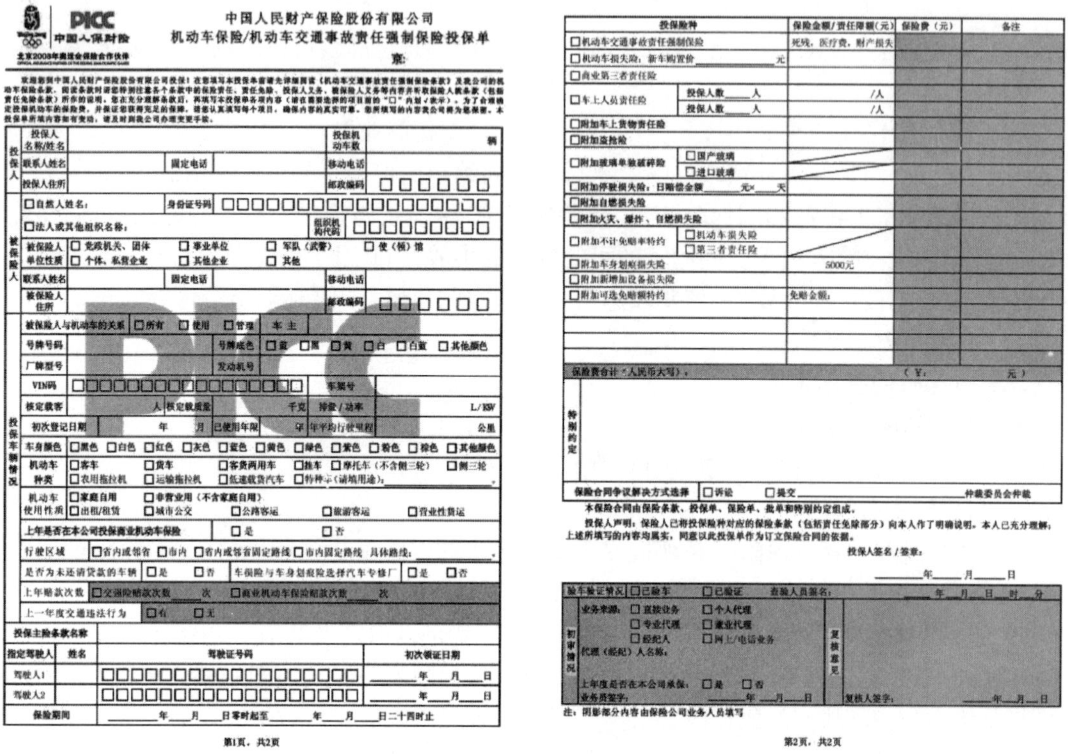

图1-9 投保单

2）保险单

通俗地讲，保险单就是保险公司根据投保人填写的投保单内容，经审查后统一投保而出具的一种保险合同，又称保单。保险单是保险合同的正式书面凭证，也是索赔的凭证。目前汽车保险的保单有交强险保单和商业险保单两种，如图1-10和图1-11所示。

3）保险凭证

保险凭证就是保险公司提供给车主随身携带或张贴的一种简化保单，又称小保单，如保险卡、交强险标志。保险卡如图1-12所示，交强险标志如图1-13所示。

4）暂保单

暂保单（图1-14）是保险公司在签发正式保单之前向投保人提供的临时保险凭证，如新车上牌前使用的提车暂保单。

注意：暂保单的法律效果与正式保单相同，但内容相对简单且保险公司只按暂保单上的要约承担责任。

5）批单

正式保单不能随意改动，因此，保险公司对已签订的保险合同进行修改、补充或增减内容的一种批注就是批单（图1-15），又称背书。

4.机动车辆保险的主险与附加险

机动车辆保险分强制险和商业险两大类，其中，商业保险的险种又可分为主险（又称基本险）和附加险。

学习任务一　认识汽车保险

中国保险监督管理委员会监制

机动车交通事故责任强制保险单（副本）

限在四川省销售

AEDZAA2013Z00
川：51001802900623

中国人民财产保险股份有限公司　　保险单号：

	被保险人					
	被保险人身份证号码(组织机构代码)					
	地址				联系电话	
被保险机动车	号牌号码		机动车种类		使用性质	
	发动机号码		识别代码(车架号)			
	厂牌型号		核定载客	人	核定载质量	千克
	排量		功率		登记日期	
责任限额	死亡伤残赔偿限额	110000元		无责任死亡伤残赔偿限额		110000元
	医疗费用赔偿限额	10000元		无责任医疗费用赔偿限额		1000元
	财产损失赔偿限额	2000元		无责任财产损失赔偿限额		100元

与道路交通安全违法行为和道路交通事故相联系的浮动比率	％
保险费合计(人民币大写)　　　(¥:　　元) 其中救助基金(　％) ¥:　　元	
保险期间自　　年　月　日　时起至　　年　月　日　时止	
保险合同争议解决方式	

代收车船税	整备质量		纳税人识别号		
	当年应缴	¥:　　元	往年补缴 ¥:　　元	滞纳金	¥:　　元
	合计(人民币大写)：			(¥:　　元)	
	完税凭证(减免税证明号)		开具税务机关		

第一联　业务留存

特别约定	
重要提示	1.请详细阅读保险条款，特别是责任免除和投保人，被保险人义务。 2.收到本保险单后，请立即核对，如有不符或疏漏，请及时通知保险人并办理变更或补充手续。 3.保险费应一次性交清，请您及时核对保险单和发票(收据)，如有不符，请及时与保险人联系。 4.投保人应如实告知对保险费计算有影响的或被保险机动车因改装、加装、改变使用性质等导致危险程度增加的重要事项，并及时通知保险人办理批改手续。 5.被保险人应当在交通事故发生后及时通知保险人。
保险人	公司名称： 公司地址： 邮政编码：　　服务电话：95518　　签单日期：　　　(保险人签章)

核保：　　　　制单：　　　　经办：

图1-10　交强险保单

中国保险监督管理委员会监制

机动车商业保险保险单（副本）

中国人民财产保险股份有限公司

限在四川省销售
AEDAAE0015D00
川:51001802380563
保险单号：

鉴于投保人已向保险人提出投保申请，并同意按约定交付保险费，保险人依照承保险种及其对应条款和特别约定承担赔偿责任。

保险车辆情况	被保险人						
	号牌号码		厂牌型号				
	VIN码/车架号			发动机号			
	核定载客		人	核定载质量	千克	初次登记日期	
	使用性质			年平均行驶里程	公里	机动车种类	
承保险种				不计免赔	费率浮动(+/-)	保险金额/责任限额	保险费(元)
保险费合计(人民币大写):					(¥:		元)
保险期间	年	月	日	时起至	年	月 日	时止
特别约定							
保险合同争议解决方式							
重要提示	1.本保险合同由保险条款、投保单、保险单、批单和特别约定组成。2.收到本保险单、承保险种对应的保险条款后，请立即核对，如有不符或疏漏，请及时通知保险人并办理变更或补充手续。3.请详细阅读承保险种对应的保险条款，特别是责任免除、免赔率与免赔额、投保人被保险人义务、赔偿处理、通用条款等。4.被保险机动车因改装、加装、改变使用性质等导致危险程度显著增加以及转卖、转让、赠送他人的，应通知保险人。5.被保险人应当在保险事故发生后及时通知保险人。						
保险人	公司名称:			公司地址:			
	邮政编码:			联系电话: 95518		网址: www.epicc.com.cn	
				签单日期:			
核保:			制单:			经办:	

第一联 业务留存

图1-11 商业险保单

图1-12 保险卡

图1-13 交强险标志

1)主险

主险就是可以单独投保的险种,如车损险、商业第三者责任险等。

2)附加险

附加险就是不可以单独投保,只有先购买主险后才能投保的险种,如玻璃单独破碎险、自燃损失险、车身划痕险、不计免赔特约险等。

5.机动车辆的价值及车损险的投保方式

1)机动车辆的三种价值

(1)保险价值。保险价值是订立保险合同时,作为确定保险金额基础的保险标的的价值。保险价值即是指保险标的在某一特定时期的实际价值,是确定保险金额和确定损失赔偿的计算基础。在财产保险合同中,保险价值一般按出险时保险标的的实际价值确定(不定值保险中)。

(2)保险金额(又称保额)。保险金额是指保险人承担赔偿或者给付保险金责任的最高限额,也是计算保费的依据。

(3)实际价值。实际价值是指保险标的实际值多少钱。车辆的实际价值是指同类型车辆市场新车购置价减去该车已使用期限折旧金额后的价格。

中国保险监督管理委员会监制　　　　限在四川省销售

中国人民财产保险股份有限公司机动车提车暂保单（副本）

PICC 中国人民财产保险股份有限公司
PICC Property and Casualty Company Limited

川：

暂保单号：

鉴于投保人已向保险人提出投保申请，并同意按约定交付保险费，保险人依照本暂保单中载明的保险条款和特别约定，承担经济赔偿责任。

被保险人			
移动证号(临时号牌)		厂牌型号	
发动机号		车架号	
购车发票号		保险金额(新车购置价)	
保险费(人民币大写)：　　　　(￥　　　元)			
保险期间：30天，自　年　月　日　时起至　年　月　日　时止			
特别约定	1.本暂保单仅承保机动车损失险和第三者责任险，不承保车上人员责任险，第三者责任险的赔偿限额为5万元人民币。保险责任及责任免除等事项，以本暂保单中载明的保险条款为准。 2.在本暂保单保险期间内，无有效移动证或临时号牌，保险人不承担赔偿责任。 3.索赔时应交验本暂保单、购车发票正本及移动证或临时号牌正本。		
重要提示	1.收到本暂保单后请立即核对，填写内容如与投保事实不符，请在48小时内通知保险人并办理变更手续。 2.请详细阅读所附保险条款，特别是有关责任免除和投保人、被保险人义务的部分。 3.本暂保单涂改无效，一经签发，不得退保。 4.在领取车辆正式号牌后，应快到注册地保险人处办理机动车保险。 5.发生保险事故后，请在48小时内通知保险人。		
被保险人地址： 邮政编码： 联系电话： 联系人： 投保人签单： 年　月　日		保 险 人： 地　址： 邮政编码： 联系电话：95518　(保险人签单) 代 理 人： 地　址： 邮政编码： 联系电话：　(代理人签单)	
签单日期：　年　月　日			

核保：　　　　制单：　　　　经办：

北京中融安全印务公司印制(2006)

第一联　业务留存

图 1-14　暂保单

2）车损险的投保方式

（1）投保方式。

①足额投保。足额投保是指保险金额等于保险价值的投保。

②不足额投保。不足额投保是指保险金额低于保险价值的投保。

③超额投保。超额投保是指保险金额高于保险价值的投保，但基于保险的损失补偿原则，超额投保部分无效。

图1-15 批单

(2)赔付特点。

①足额投保的赔付特点。当标的全部损失时按实际价值补偿;而当标的部分损失时则按实际损失补偿。

注:因为实际赔偿时需扣除免赔额,所以用补偿两字(而不是赔偿)。

②不足额投保的赔付特点。当标的全部损失时,按保险金额补偿,而当标的部分损失时,按比例责任方式补偿。即:

$$补偿金额 = \frac{保险金额}{保险价值} \times 损失额$$

③超额投保的赔付特点。基于保险的损失补偿原则,无论标的是全部损失还是部分损失,超额部分无效,均以实际损失补偿,不会让被保险人额外获利。

6. 投保与承保、保险索赔与保险理赔

1)投保

通俗地讲,投保就是投保人向保险公司购买保险的行为和过程。

2)承保

当投保人提出投保请求时,经审核其投保内容后,同意接受其投保申请,并负责按照有关保险条款承担保险责任的过程。

3)保险索赔

保险索赔就是发生保险事故后,被保险人就自己的事故损失向保险公司提出索赔请求的行为和过程。

4)保险理赔

当标的发生保险事故时,因权利人提出索赔申请,保险人依据保险合同的约定及相关法律法规,审核、认定保险责任并给付赔偿金的行为。

7. 免赔额与免赔率

为了提高投保方的防损责任心及免除小额赔款以提高保险公司的工作效率。在汽车保

险中规定绝对免赔额和绝对免赔率。

1)绝对免赔额

绝对免赔额就是在保单中约定一个数额,保险标的的每次损失必须超过这个数额时,保险人才负责赔偿其超过的部分,而这个数额以下的损失则由被保险人自行承担。

2)绝对免赔率

绝对免赔率就是保险公司不予赔偿的损失部分与全部损失的百分比,也就是需要被保险人自己承担的损失百分比。

8.保险费和保险费率

1)保险费

保险费指投保人或被保险人根据保险合同的规定,为取得因约定事故发生所造成的经济损失补偿(或给付)权利,而缴付给保险人的费用。

需要注意的是,由于保费的计算较为严格和复杂,因此不像其他商品那样可以由买卖双方就价格进行协商,而是由保险公司单方面决定的,投保人接受才可以订立合同,投保人如果不接受则不订立合同。

2)保险费率

保险费率是指保险人向被保险人收取的每单位保险金额的保险费,是计算保费的依据,通常用百分率或千分率来表示。其公式为:

$$保险费率 = \frac{保险费}{保险金额}$$

二、任务实施

(一)任务目标

(1)能够与客户进行良好有效的沟通,了解客户的用车信息,收集客户用车信息的要素。

(2)通过与客户的沟通,了解客户对保险的理解后,用自己的语言与客户解释保险的含义。

(3)能够运用所学知识,结合客户实际情况,用保险的基本术语解释客户想了解的问题。

(二)准备工作

实训用车辆、交强险保单、商业险保单、交强险标志、保险卡、本子、笔。

(三)工作内容

(1)根据学习任务一里填写好的李女士的"客户档案表",分析李女士对保险的了解程度,并为李女士解释保险的含义,完成"客户分析表"(表1-3)。

考核要点:

①是否能与李女士进行良好有效的沟通,沟通过程中注意礼仪,体现保险营销人员的专业性。

②是否能按照"客户分析表"的内容获取李女士对保险的理解并记录,完成"客户分析表"的填写。

客 户 分 析 表 表1-3

保险客户分析表			
营销人员:	填表日期:		编号:
基本信息			
车主:	车牌号:	发动机号:	车架号:
购车日期:	车型:	驾龄:	
电话:			
客户对保险的理解:			
保险销售的解释:	话术:		

(2) 运用所学知识,用自己的语言完成"保险术语基本介绍"(表1-4),结合李女士的风险评估分析报告,并为客户提出合理的投保方案。

考核要点:
是否能用自己的语言为李女士正确清楚地介绍并解释保险的各种术语。

保险术语的基本介绍 表1-4

(1) 保险标的与保险	
(2) 保险合同中的三种人	
(3) 保险合同的主要形式	
(4) 机动车辆保险的主险与加险	
(5) 机动车辆的价值及车损险的投保方式	
(6) 投保与承保保险索赔与保险理赔	
(7) 免赔额与免赔率	
(8) 保险费和保险费率	

三、评价反馈

1. 自我评价

(1) 你能用自己的语言解释保险常用术语吗?

_____

(2) 你能说出保险的含义吗?

_____

(3) 你能与客户进行良好沟通,独立完成为客户解释保险常用术语的解释说明工作吗?

_____

2. 小组评价

(1) 你们小组在接到任务之后制订明确的计划了吗?

(2)你们小组在完成任务过程中有明确的分工或分配任务吗？

(3)你们小组在完成任务过程中组员都积极参与、相互配合默契了吗？

(4)你们小组在完成任务过程中注重沟通表达技巧,并体现了保险营销人员的专业性了吗？

3.教师评价
(1)小组综合表现：

(2)优势：

(3)待提升之处：

四、学习拓展

李女士在了解保险后决定购买保险,但是对于商业险李女士不知道该如何选择,哪些险种该买哪些不该买,对于这个问题很苦恼,但她还是希望能明明白白地购买保险,这样才能买得放心。作为保险销售人员,请你根据李女士的家庭及工作情况,试着为李女士制订一个投保方案供其投保时参考,并对其中的内容进行解释。

学习任务二 选择汽车保险险种

学习目标

1. 知道交强险的含义和责任限额,并能准确区分各赔偿分项的责任限额;
2. 知道影响交强险费率浮动的因素,并能准确计算出交强险的保费;
3. 能够叙述汽车保险的主险以及常用的附加险;
4. 能够准确区分机动车辆损失保险的保险责任和责任免除;
5. 能够准确区分商业第三者责任险的保险责任和责任免除;
6. 能够准确区分车上人员责任险的保险责任和责任免除;
7. 能够准确区分全车盗抢险的保险责任和责任免除;
8. 能够准确区分汽车保险常用附加险的保险责任和责任免除;
9. 能够通过所学知识,分析汽车保险常用险种的赔付,帮助客户分析理解各个险种;
10. 能够灵活运用所学知识,合理地为客户选择适合的投保险种组合并准确计算出保费。

学习内容

1. 交强险的含义和费率浮动;
2. 交强险的责任限额和责任免除;
3. 机动车辆损失保险的计算、保险责任和责任免除;
4. 商业第三者责任险的费率、保险责任和责任免除;
5. 车上人员责任险的费率、保险责任和责任免除;
6. 全车盗抢险的计算、保险责任和责任免除;
7. 常用附加险的费率、保险责任和责任免除。

建议学时:36 学时。

 任务描述

李丰于2019年在成都奔驰4S店为自己的爱人小张购买了一辆C200轿车,用于出游、代步。李丰因为公司有事,留下张女士在4S店办理保险业务。通过保险销售人员的分析,张女士已经知道自己的爱车面临着哪些风险,因此,她决定在投保交强险的同时,购买商业险,但她对商业险的险种不太了解,不知道应该如何选择。作为汽车保险销售人员,请你为张女士设计汽车保险险种投保方案。

任务分析

作为汽车保险销售人员,请你结合张女士所面临的风险,为她的爱车选择适合的险种,设计出合理的汽车险种投保方案,并能准确、简洁、专业地为张女士解释各险种的保险责任和责任免除。通过良好的沟通,让张女士对汽车保险险种有初步的了解,并放心地选择你为她设计的投保方案。

子任务1 认识机动车交通事故责任强制保险

一、知识准备

(一)交强险概述

《机动车交通事故责任强制保险条例》是一部行政法规,于2006年3月21日由国务院令第462号首次公布,简称2006版《交强险实施条例》,自2006年7月1日起正式实施。

从2006年公布起,先后进行了2次修改:

(1)根据2012年3月20日《国务院关于修改〈机动车交通事故责任强制保险条例〉的决定》进行了第1次修订,简称2012版《交强险实施条例》。

(2)根据2012年12月17日《国务院关于修改〈机动车交通事故责任强制保险条例〉的决定》又进行了第2次修改,简称2013版《交强险实施条例》,对交强险的条款前后做了相应的调整。

(二)交强险的含义

机动车交通事故责任强制保险简称交强险。交强险是由保险公司对被保险机动车发生道路交通事故造成本车人员、被保险人以外的受害人的人身伤亡、财产损失,在责任限额内予以赔偿的强制性责任保险。

注意:

(1)交强险虽然在名称中取消了"第三者",但实质上仍是一种以第三者为保障对象的强制性责任保险。

(2)在责任限额内的损失,交强险先行赔付,超过责任限额的部分,再由商业三者险或相关人员赔付;仍有不足的,依照《中华人民共和国道路交通安全法》和《中华人民共和国侵权责任法》的相关规定由侵权人予以赔偿。

(3)交强险是一种强制性责任保险,国家法律规定投保人或被保险人必须投保,而保险人不能拒绝承保或非因法定允许解除的事由不得擅自解除保险合同的义务。交强险保险合同中的重要内容如责任限额、保险期限和费率等都是由国家统一规定。机动车如不投保交强险,就不允许上牌、上路行驶和年检等。

(4)交强险是一种无过失责任保险。这也是交强险区别于商业险很重要的一点,只要是在交强险责任限额范围内的人身伤亡和财产损失,无论主观上有无过错,均承担赔偿责任。

(三)交强险与商业第三者责任险的联系和区别

1. 联系

交强险是基础,而商业第三者责任险是交强险的补充。由于交强险的赔偿限额不高,因此交强险赔付不足的部分需要商业第三者责任险补充赔付,二者并不冲突。

2. 区别

1) 相同处

两者的赔付对象都是对方直接受害人的人身伤亡和财产损失。

2) 不同处

(1) 交强险赔偿采用无过错责任原则,只要是对方有损失,不管有没有责任都要赔偿;商业第三者责任险的赔偿采用过错责任原则,即被保险人有责才赔偿。

(2) 交强险的限额是固定的,为12.2万元;而商业第三者责任险的保额在投保时是可以选择的,有5、10、15、20、30、50、100、200万元8个档次。

(3) 交强险是国家强制执行,商业第三者责任险属于商业保险,是自愿选择投保的。

(4) 交强险的限额赔付分了明细,分为死亡伤残、医疗费用和财产损失;而商业第三者责任险的赔付没有分明细。

(四) 交强险的赔偿责任限额

交强险的赔偿责任限额见表2-1。

交强险赔偿责任限额(单位:元)　　　　　　　　表2-1

赔偿责任限额总和		122000
有责任的限额	死亡伤残	110000
	医疗费用	10000
	财产损失	2000
无责任的限额	死亡伤残	11000
	医疗费用	1000
	财产损失	100

其中,死亡伤残赔偿限额项目有:丧葬费、死亡补偿费、受害人亲属办理丧葬事宜支出的交通费、残疾赔偿金、残疾辅助具费、护理费、康复费、交通费、被抚养人生活费、住宿费、误工费、被保险人依照法院判决或者调解结果承担的精神损害抚慰金。

医疗费用赔偿限额项目有:受害者医药费、诊疗费、住院费、住院伙食补助费、必要且合理的后续治疗费、整容费以及营养费。

(五) 保险责任与责任免除

1. 保险责任

(1) 交强险的保障对象。

"第三者"的人身伤亡或财产损失。

代国家收取车船税。四川省车船税的征税标准见表2-2。

四川省车船税税额表　　　　　　　　　　　　　　　表2-2

税目		计算单位	年基准税额(元)	备注
乘用车〔按发动机汽缸容量(排气量)分档〕	1.0L(含)以下的	每辆	180	核定载客人数9人(含)以下
	1.0L以上至1.6L(含)的		300	
	1.6L以上至2.0L(含)的		360	
	2.0L以上至2.5L(含)的		720	
	2.5L以上至3.0L(含)的		1800	
	3.0L以上至4.0L(含)的		3000	
	4.0L以上的		4500	
商用车	客车 核定载客人数10~19人	每辆	480	包括电车
	客车 核定载客人数20人(含)以上		540	
	货车	整备质量每吨	60	包括半挂牵引车、三轮汽车和低速载货汽车等
	挂车	整备质量每吨	30	
其他车辆	专用作业车	整备质量每吨	60	不包括拖拉机
	轮式专用机械车	整备质量每吨	60	
	摩托车	每辆	60	

(2)交强险赔偿中承认的"第三者"是指车下的第三者或车下的投保人。

(3)构成交强险保险责任的四个要件。

①在中华人民共和国境内(不含港、澳、台地区),被保险人在使用被保险人机动车过程中发生道路交通事故。

②受害人属于交强险中承认的"第三者"。

③发生事故造成了受害人的人身伤亡或财产损失。

④依法应当由被保险人承担损害赔偿责任,且在交强险赔偿责任限额内的损失。

2. 责任免除

(1)受害人故意造成的交通事故的损失。

(2)被保险人所有的财产及被保险机动车上的财产遭受的损失。

(3)车辆静止时发生的交通事故造成的损失。

(4)受害人的各种间接损失(精神损失除外)。

(5)因交通事故产生的仲裁费或诉讼费及其他相关费用。

(六)交强险的费率

1. 交强险基础费率

交强险基础费率见表2-3。

交强险基础费率表　　　　　　　　　　　　　　　　　　　表2-3

车辆大类	序号	车辆明细分类	保费(元)
一、家庭自用车	1	家庭自用汽车6座以下	950
	2	家庭自用汽车6座及以上	1100
二、非营业客车	3	企业非营业汽车6座以下	1000
	4	企业非营业汽车6~10座	1130
	5	企业非营业汽车20座以上	1270
	6	机关非营业汽车6座以下	950
	7	机关非营业汽车6~10座	1070
	8	机关非营业汽车20座以上	1320
三、营业客车	9	营业出租租赁6座以下	1800
	10	营业出租租赁6~10座	2360
	11	营业出租租赁36座以上	3530
	12	营业城市公交6~10座	2250
	13	营业城市公交36座以上	3140
	14	营业公路客运6~10座	2350
	15	营业公路客运10~20座	2620
	16	营业公路客运36座以上	4690

2. 交强险的保费计算公式

$$保费 = 基础保费 \times (1 + 与道路交通事故相联系的浮动比率) \times (1 + 与道路交通安全违法行为相联系的浮动比率)$$

注意:目前全国大部分地区交强险费率只与道路交通事故挂钩,与道路交通安全违法行为暂不挂钩。

3. 与道路交通事故相联系的费率浮动

与道路交通事故相联系的费率浮动见表2-4。

与道路交通事故相联系的费率浮动表　　　　　　　　　　　表2-4

浮动因素			浮动比率(%)
与道路交通事故相联系的浮动	1	上一个年度未发生有责任道路交通事故	-10
	2	上两个年度未发生有责任道路交通事故	-20
	3	上三个及以上年度未发生有责任道路交通事故	-30
	4	上一个年度发生一次有责任不涉及死亡的道路交通事故	0
	5	上一个年度发生两次及两次以上有责任道路交通事故	10
	6	上一个年度发生有责任道路交通死亡事故	30

4. 与交通安全违法行为相联系的费率浮动

与交通安全违法行为相联系的费率浮动见表2-5。

与交通安全违法行为相联系的费率浮动表　　　　表2-5

	浮动因素	浮动比率(%)
1	上一个年度没有道路交通安全违法行为	-10
2	上两个年度没有道路交通安全违法行为	-20
3	上三个及以上年度没有道路交通安全违法行为	-30
4	上一个年度发生各类道路交通违法行为(除V5~V7)低于五次	0
5	上一个年度每次违反道路交通信号灯通行的;逆向行驶的(最高不超过30%)	10
6	上一个年度发生驾驶与准驾车型不符的机动车的;发生机动车驾驶证被暂扣期间驾驶机动车的	20
7	上一个年度发生饮酒(含醉酒)后驾驶机动车的	30
8	上一个年度发生各类道路交通违法行为五次(含)以上的	30

5. 与酒后驾车挂钩的费率浮动

自2010年3月1日起逐步实行酒后驾驶的违法行为与交强险的保险费率相联系的浮动制度。其中,发生一次醉酒后驾驶的违法行为,则交强险上浮20%~30%,累计上浮最高可达60%。

二、任务实施

(一)任务目标

(1)能够与客户进行良好沟通,为客户解释说明交强险的含义及赔偿限额,在沟通过程中体现专业性。

(2)能够了解并收集客户用车信息,准确找出与交强险费率浮动相联系的浮动因素。

(3)能够运用所学知识,结合客户的用车情况,为客户计算出交强险的费率浮动及需缴纳的交强险保险费用。

(二)准备工作

保险客户档案表、交强险信息收集表、交强险保费计算表。

(三)工作内容

(1)与客户张女士进行良好的沟通,向她说明交强险的含义及赔偿限额;了解并收集张女士用车信息,准确找出与交强险费率浮动相联系的因素。

考核要点:

①能否正确地为张女士进行解释交强险的相关要素,沟通过程中能体现专业性。

②能否准确获取张女士用车过程中与交强险费率浮动相联系的因素,并准确完成"交强险信息收集表"的填写(表2-6)。

学习任务二　选择汽车保险险种

交强险信息收集表　　　　　　　　　　　　　　　表2-6

交强险信息收集表	
车主：	车牌号：
交强险到期日期：	
电话：	
上一年是否有发生道路交通事故：	有□　无□
发生次数：	
上一年是否有交通违法行为：	有□　无□
发生次数：	
上一年是否有酒后驾车：	有□　无□
发生次数：	

（2）根据"交强险信息收集表"中张女士用车过程中的浮动因素，计算交强险的保险费，并为张女士进行解释说明。

考核要点：

①能否根据张女士车辆的费率浮动因素，准确地计算出她所需缴纳的交强险保费，完成"交强险保费计算表"（表2-7）；

②能否为张女士进行解释，让张女士明明白白地缴纳交强险保险费用。

交强险保费计算表　　　　　　　　　　　　　　　表2-7

交强险保费计算表	
车主：	车牌号：
交强险起保日期：	
交强险到期日期：	
上一年交强险保费：	
下一年交强险基准保费：	
费率浮动因素1：	上一年发生道路交通事故（　　）次
浮动比例：	（　　）%
费率浮动因素2：	上一年发生道路交通事故（　　）
浮动比例：	（　　）%
费率浮动因素3：	上一年发生道路交通事故（　　）
浮动比例：	（　　）%
总浮动比例：	（　　）%
下一年交强险需缴纳保费：	

三、评价反馈

1. 自我评价

（1）在本次学习任务中，你自己积极参与了吗？

(2)你能说出交强险的含义及赔偿限额吗？

(3)你能与客户进行良好有效的沟通吗？

(4)你能独立完成交强险的保费计算吗？

2. 小组评价

(1)你们小组在接到任务之后组内讨论如何完成任务了吗？

(2)你们小组在完成任务过程中有明确的分工吗？

(3)你们小组在完成任务过程中组员都积极参与、相互配合了吗？

(4)你们小组在完成任务过程中体现了专业性吗？

3. 教师评价

(1)小组综合表现：

(2)优势：

(3)待提升之处：

四、学习拓展

通过你的帮助，张女士已经购买了交强险，但是她对于是否需要购买商业险存在疑虑。请你从交强险的赔偿限额着手，与张女士进行沟通，为她分析是否需要购买商业险作为补充，并打消她的疑虑。

子任务2　认识机动车损失险

一、知识准备

2014版《机动车辆商业保险示范条款》(简称《示范条款》)将机动车商业险分为主险和附加险。主险包括机动车损失险、机动车第三者责任险、机动车车上人员责任险、机动车全车盗抢险4个独立的险种。投保人可以选择投保全部险种，也可以选择投保其中部分险种。

(一)机动车损失险的含义

机动车损失险(简称车损险)是指赔偿被保险车辆在使用过程中由于自然灾害或意外事故造成的车辆本身的直接损失和合理施救费用。

注意:施救费用数额在被保险机动车损失赔偿金额以外另行计算,最高不超过保险金额的数额。

(二)保险责任和责任免除

1.保险责任

(1)9种意外事故。碰撞、倾覆、坠落;火灾、爆炸;外界物体坠落、倒塌;受到被保险机动车所载货物、车上人员意外撞击。

①碰撞(图2-1)、倾覆、坠落。

碰撞:指被保险机动车或其符合装载规定的货物与外界固态物体之间发生的、产生撞击痕迹的意外撞击。

②火灾(图2-2)、爆炸。

图2-1 碰撞

图2-2 火灾

火灾:指被保险机动车本身以外的火源引起的、在时间或空间上失去控制的燃烧(即有热、有光、有火焰的剧烈氧化反应)所造成的灾害。

③外界物体坠落、倒塌(图2-3)。

外界物体倒塌:指被保险机动车自身以外的物体倒下或陷入。

(2)除地震及其次生灾害以外的17种"自然灾害"。

①雷击、暴风、暴雨、洪水(图2-4)、龙卷风、冰雹、台风、热带风暴。

图2-3 倒塌

图2-4 洪水

洪水:指山洪暴发、江河泛滥、潮水上岸及倒灌。但规律性的涨潮、自动灭火设施漏水以及在常年水位以下或地下渗水、水管爆裂不属于洪水责任。

②地陷、崖崩、滑坡、泥石流、雪崩、冰陷、暴雪、冰凌、沙尘暴。

(3)受到被保险机动车所载货物、车上人员意外撞击。
(4)载运被保险机动车的渡船遭受自然灾害(只限于驾驶人随船的情形)。

2.责任免除

在上述保险责任范围内,下列情况下,不论任何原因造成被保险机动车的任何损失和费用,保险人均不负责赔偿。

(1)事故发生后,被保险人或其允许的驾驶人在未依法采取措施的情况下驾驶被保险机动车或者遗弃被保险机动车逃离事故现场,或故意破坏、伪造现场、毁灭证据。

(2)驾驶人有下列情形之一者,保险人不承担赔偿:

①饮酒(图2-5)、吸食或注射毒品、服用国家管制的精神药品或者麻醉药品。

饮酒指驾驶人饮用含有酒精的饮料,驾驶机动车时血液中的酒精含量大于或等于20mg/100mL。

②无驾驶证,驾驶证被依法扣留、暂扣、吊销、注销期间。

图2-5 酒驾

③驾驶与驾驶证载明的准驾车型不相符合的机动车。

④实习期内驾驶公共汽车、营运客车或者执行任务的警车、载有危险物品的机动车或牵引挂车的机动车。

⑤驾驶出租机动车或营业性机动车无交通运输管理部门核发的许可证书或其他必备证书。

⑥学习驾驶时无合法教练员随车指导。

⑦非被保险人允许的驾驶人。

(3)被保险机动车有下列情形之一者保险人不承担赔偿:

①发生保险事故时被保险机动车行驶证、号牌被注销的,或未按规定检验或检验不合格。

②被扣押、收缴、没收、政府征用期间。

③在竞赛、测试期间,在营业性场所维修、改装期间。

④被利用从事犯罪行为。

(4)下列原因导致的被保险机动车的损失和费用,保险人不负责赔偿:

①地震及其次生灾害(图2-6)。

②战争、军事冲突、恐怖活动、暴乱、污染(含放射性污染)、核反应、核辐射。

③人工直接供油、高温烘烤、自燃、不明原因火灾。

④被保险机动车被转让、改装、加装或改变使用性质等,导致被保险机动车危险程度显著增加,且被保险人、受让人未及时通知保险人。

⑤被保险人或其允许的驾驶人的故意行为。

次生灾害:指地震造成工程结构、设施和自

图2-6 次生灾害

然环境破坏而引发的火灾、爆炸、瘟疫、有毒有害物质污染、海啸、水灾、泥石流、滑坡等灾害。

(5)下列损失和费用,保险人不负责赔偿:

①因市场价格变动造成的贬值、修理后因价值降低引起的减值损失。

②被保险机动车全车被盗窃、被抢劫、被抢夺、下落不明,以及在此期间受到的损坏,或被盗窃、被抢劫、被抢夺未遂受到的损坏,或车上零部件、附属设备丢失。

③自然磨损、朽蚀、腐蚀、故障、本身质量缺陷。

④车轮单独损坏(图2-7),玻璃单独破碎,无明显碰撞痕迹的车身划痕,以及新增设备的损失。

⑤发动机进水后导致的发动机损坏。

⑥遭受保险责任范围内的损失后,未经必要修理并检验合格继续使用,致使损失扩大的部分。

⑦投保人、被保险人或其允许的驾驶人知道保险事故发生后,故意或者因重大过失未及时通知,致使保险事故的性质、原因、损失程度等难以确定的,保险人对无法确定的部分,不承担赔偿责任,但保险人通过其他途径已经及时知道或应及时知道保险事故发生的除外。

⑧因被保险人违反规定,导致无法确定的损失。

车轮单独损坏:指未发生被保险机动车其他部位的损坏,仅发生轮胎、轮辋、轮毂罩的分别单独损坏,或上述三者之中任意两者的共同损坏,或三者的共同损坏。

图2-7 车轮单独损坏

(6)保险人在依据本保险合同约定计算赔款的基础上,按照下列方式免赔:

①被保险机动车一方负次要事故责任的,实行5%的事故责任免赔率;负同等事故责任的,实行10%的事故责任免赔率;负主要事故责任的,实行15%的事故责任免赔率;负全部事故责任或单方肇事事故的,实行20%的事故责任免赔率。

②被保险机动车的损失应当由第三方负责赔偿,无法找到第三方的,实行30%的绝对免赔率。

③因违反安全装载规定导致保险事故发生的,保险人不承担赔偿责任;违反安全装载规定、但不是事故发生的直接原因的,增加10%的绝对免赔率。

④投保时指定驾驶人,保险事故发生时为非指定驾驶人使用被保险机动车的,增加10%的绝对免赔率。

⑤投保时约定行驶区域,保险事故发生在约定行驶区域以外的,增加10%的绝对免赔率。

⑥对于投保人与保险人在投保时协商确定绝对免赔额的,本保险在实行免赔率的基础上增加每次事故绝对免赔额。

(三)保险金额

保险金额按投保时被保险机动车的实际价值确定。投保时,被保险机动车的实际价值由投保人与保险人根据投保时的新车购置价减去折旧金额后的价格协商确定或根据其他市场公允价值协商确定。

折旧金额可根据保险合同列明的参考折旧系数表确定,具体折旧系数见表2-8~表2-11。

家庭自用汽车损失保险条款月折旧率表(%)　　表2-8

车辆种类	国家规定(年)	采用标准(月)
9座以下客车(含9座)	6.00	0.60

非营业用汽车损失保险条款月折旧率表(%)　　表2-9

车辆种类	国家规定(年)	采用标准(月)
9座以下客车(含9座)	6.70	0.60
低速载货汽车	16.67	1.10
其他车辆(10座以上)	10.00	0.90

营业用汽车损失保险条款月折旧率表(%)　　表2-10

车辆种类	出租		其他	
	国家规定(年)	采用标准(月)	国家规定(年)	采用标准(月)
客车	12.50	1.10	10.00	0.90
微型载货汽车	12.50	1.10	12.50	1.10
带拖挂的载货汽车	12.50	1.10	12.50	1.10
低速载货汽车	16.67	1.40	16.67	1.40
其他车辆	12.50	1.10	10.00	0.90

特种车条款月折旧率表(%)　　表2-11

车辆种类	国家规定(年)	采用标准(月)
矿山专用车	12.50	1.10
其他特种车	10.00	0.90

折旧按月计算,不足一个月的部分,不计折旧。最高折旧金额不超过投保时被保险机动车新车购置价的80%。

折旧金额 = 新车购置价 × 被保险机动车已使用月数 × 月折旧系数

(四)保险费率

1. 车损险费率标准

车损险的保险费根据车辆使用年限的不同采用不同的费率标准,具体费率标准见表2-12(以四川区域费率为例)。

四川区域车损险费率表 表2-12

非营业用车		1年以下		1～2年		2～6年		6年以上	
		固定保费（元）	费率（%）	固定保费（元）	费率（%）	固定保费（元）	费率（%）	固定保费（元）	费率（%）
非营业个人	6座以下	566	1.35	539	1.28	533	1.27	549	1.31
	6～10座	679	1.35	646	1.28	640	1.27	659	1.31
	10座以上	679	1.35	646	1.28	640	1.27	659	1.31

2. 车损险保费计算公式

车损险保费 = 保险金额 × 费率 + 固定保费

(五) 赔偿处理

(1) 发生保险事故时,被保险人或其允许的合法驾驶人应当及时采取合理的、必要的施救和保护措施,以防止或者减少损失,并在保险事故发生后48h内通知保险人。被保险人或其允许的合法驾驶人根据有关法律法规规定选择自行协商方式处理交通事故的,应当立即通知保险人。

(2) 被保险人或其允许的合法驾驶人根据有关法律法规规定选择自行协商方式处理交通事故的,应当协助保险人勘验事故各方车辆、核实事故责任,并依照《道路交通事故处理程序规定》签订记录交通事故情况的协议书。

(3) 被保险人索赔时,应当向保险人提供与确认保险事故的性质、原因、损失程度等有关的证明和资料。被保险人应当提供保险单、损失清单、有关费用单据、被保险机动车行驶证和发生事故时驾驶人的驾驶证。

注:属于道路交通事故的,被保险人应当提供公安机关交通管理部门或法院等机构出具的事故证明、有关的法律文书(判决书、调解书、裁定书、裁决书等)及其他证明。被保险人或其允许的合法驾驶人根据有关法律法规规定选择自行协商方式处理交通事故的,被保险人应当提供依照《道路交通事故处理程序规定》签订记录交通事故情况的协议书。

(4) 因保险事故损坏的被保险机动车,应当尽量修复。修理前被保险人应当会同保险人检验,协商确定修理项目、方式和费用。对未协商确定的,保险人可以重新核定。

(5) 被保险机动车遭受损失后的残余部分由保险人、被保险人协商处理。如折归被保险人的,由双方协商确定其价值并在赔款中扣除。

(6) 因第三方对被保险机动车的损害而造成保险事故,被保险人向第三方索赔的,保险人应积极协助;被保险人也可以直接向本保险人索赔,保险人在保险金额内先行赔付被保险人,并在赔偿金额内代位行使被保险人对第三方请求赔偿的权利。

注意:被保险人已经从第三方取得损害赔偿的,保险人进行赔偿时,相应扣减被保险人从第三方已取得的赔偿金额。

保险人未赔偿之前,被保险人放弃对第三方请求赔偿的权利的,保险人不承担赔偿责任。

被保险人故意或者因重大过失致使保险人不能行使代位请求赔偿的权利的,保险人可以扣减或者要求返还相应的赔款。

保险人向被保险人先行赔付的,保险人向第三方行使代位请求赔偿的权利时,被保险人应当向保险人提供必要的文件和所知道的有关情况。

二、任务实施

(一)任务目标

(1)能够与张女士进行良好有效的沟通,了解她爱车的使用情况,完整地收集客户用车信息要素。

(2)能够根据收集的客户用车信息,正确规范地完成"客户用车信息表"(表2-13)的填写。

(3)能够灵活运用所学知识,结合张女士的实际情况,建立一张机动车损失保险卡。

客户用车信息表　　　　　　　　　　　　　　　　　　表2-13

客户用车信息表			
营销人员:		填表日期:	
基本信息			
车主:		车牌号:	
购车日期:		车型:	
电话:			
车辆使用年限:			

(二)准备工作

"客户用车信息表"、机动车损失保险卡。

(三)工作内容

(1)与张女士进行良好有效的沟通,收集客户用车信息的要素;按照"客户用车信息表"内容准确记录客户的用车信息。

考核要点:

①能否与张女士进行良好有效的沟通,沟通过程中注意礼仪,体现专业性。

②能否按照"客户用车信息表"的内容帮助方先生获取客户的用车信息并准确地记录,完成"客户用车信息表"的填写。

(2)运用所学知识,建立一张机动车损失保险卡(表2-14)。

考核要点:

①能否完整地收集客户的用车情况要素。

②卡片内容填写是否正确。

③能否就卡片内容,根据自己的理解,为客户进行正确的解释。

学习任务二 选择汽车保险险种

机动车损失保险卡 表2-14

保险责任	责任免除	保险金额	赔偿处理	车损险保费
1.	1.	1.	1.	
2.	2.	2.	2.	
3.	3.	3.	3.	
4.	4.	4.	4.	

三、评价反馈

1. 自我评价

(1) 对本次学习任务的学习,你能全部理解吗?

(2) 你能说出机动车损失险的保险责任吗?

(3) 你能独立完成对客户用车信息的收集工作吗?

(4) 你能帮助客户认识机动车损失险吗?

(5) 你能用自己的语言总结机动车损失险的要素吗?

2. 小组评价

(1) 你们小组在接到任务之后组内讨论如何完成任务了吗?

(2) 你们小组在完成任务过程中有明确的分工、配合默契吗?

(3) 你们小组在完成任务过程中组员都积极参与了吗?

(4) 本次任务对你们小组来说困难吗?

3. 教师评价

(1) 小组综合表现:

(2) 优势:

(3) 待提升之处:

四、学习拓展

方先生驾驶自己的宝骏车在春熙路与一辆价值1200万元的劳斯莱斯相撞,经交警初步

判定,宝骏车主方先生全责。劳斯莱斯车损初定为110万元,方先生是90后小伙,没有能力支付这110万元的巨额修理费,如果你是方先生该如何处理?试着运用所学知识分析此案件应如何处理。

子任务3　认识机动车第三者责任险

一、知识准备

(一)机动车第三者责任险的含义
保险车辆因意外事故致使第三者人身伤亡或财产受损,保险人对于超过交强险各分项赔偿限额部分予以赔偿的保险。

(二)保险责任
保险期间内,被保险人或其允许的合法驾驶人在使用被保险机动车过程中发生意外事故,致使第三者遭受人身伤亡或财产直接损毁,依法应当对第三者承担的损害赔偿责任,且不属于免除保险人责任的范围,保险人依照本保险合同的约定,对于超过机动车交通事故责任强制保险各分项赔偿限额的部分负责赔偿。

(三)免除责任
在上述保险责任范围内,下列情况下,不论任何原因造成的人身伤亡、财产损失和费用,保险人均不负责赔偿:

(1)事故发生后,被保险人或其允许的驾驶人故意破坏、伪造现场、毁灭证据。

(2)驾驶人有下列情形之一者:

①事故发生后,在未依法采取措施的情况下驾驶被保险机动车或者遗弃被保险机动车离开事故现场。

②饮酒、吸食或注射毒品、服用国家管制的精神药品或者麻醉药品。

③无驾驶证,驾驶证被依法扣留、暂扣、吊销、注销期间。

④驾驶与驾驶证载明的准驾车型不相符合的机动车。

⑤实习期内驾驶公共汽车、营运客车或者执行任务的警车、载有危险物品的机动车或牵引挂车的机动车。

⑥驾驶出租机动车或营业性机动车无交通运输管理部门核发的许可证书或其他必备证书。

⑦学习驾驶时无合法教练员随车指导。

⑧非被保险人允许的驾驶人。

(3)被保险机动车有下列情形之一者:

①发生保险事故时被保险机动车行驶证、号牌被注销的,或未按规定检验或检验不合格。

②被扣押、收缴、没收、政府征用期间。

③在竞赛、测试期间,在营业性场所维修、改装期间。

④全车被盗窃、被抢劫、被抢夺、下落不明期间。

(4) 下列原因导致的人身伤亡、财产损失和费用,保险人不负责赔偿:

①地震及其次生灾害、战争、军事冲突、恐怖活动、暴乱、污染(含放射性污染)、核反应、核辐射。

②被保险机动车在行驶过程中翻斗突然升起,或没有放下翻斗,或自卸系统(含机件)失灵。

③第三者、被保险人或其允许的驾驶人的故意行为、犯罪行为,第三者与被保险人或其他致害人恶意串通的行为。

④被保险机动车被转让、改装、加装或改变使用性质等,被保险人、受让人未及时通知保险人,且因转让、改装、加装或改变使用性质等(增加)导致被保险机动车危险程度显著增加。

(5) 下列人身伤亡、财产损失和费用,保险人不负责赔偿:

①被保险机动车发生意外事故,致使任何单位或个人停业、停驶、停电、停水、停气、停产、通信或网络中断、电压变化、数据丢失造成的损失以及其他各种间接损失。

②第三者财产因市场价格变动造成的贬值,修理后因价值降低引起的减值损失。

③被保险人及其家庭成员、被保险人允许的驾驶人及其家庭成员所有、承租、使用、管理、运输或代管的财产的损失,以及本车上财产的损失。

④被保险人、被保险人允许的驾驶人、本车车上人员的人身伤亡。

⑤停车费、保管费、扣车费、罚款、罚金或惩罚性赔款。

⑥超出《道路交通事故受伤人员临床诊疗指南》和国家基本医疗保险标准的医疗费用。

⑦律师费,未经保险人事先书面同意的诉讼费、仲裁费。

⑧投保人、被保险人或其允许的驾驶人知道保险事故发生后,故意或者因重大过失未及时通知保险人,致使保险事故的性质、原因、损失程度等难以确定的,保险人对无法确定的部分,不承担赔偿责任,但保险人通过其他途径已及时知道或者应当及时知道保险事故发生的除外。

⑨精神损害抚慰金。

(四) 责任限额

在投保机动车第三者责任险时,每次事故的责任限额,由投保人和保险人在签订合同时协商确定。具体限额和保费见表2-15。

机动车第三者责任险的责任限额及保费　　　　表2-15

责任限额(万元)	5	10	15	20	30	50	100
保费(元)	710	1026	1169	1270	1434	1721	2242

二、任务实施

(一) 任务目标

(1) 能够通过了解张女士的爱车使用情况及个人实际情况,完整地收集客户用车信息的要素。

(2) 能够根据收集的客户用车信息,正确规范地完成"第三者险保险卡"(表2-16)的

填写。

(3)能够灵活运用所学知识,结合张女士的实际情况,为张女士选择三者险投保限额给出合理的建议,并作出专业的解释。

第三者险保险卡　　　　　　　　　　　　　　　　表2-16

第三者险保险卡			
营销人员:		填表日期:	
基本信息			
车主:		车牌号:	
购车日期:		车型:	车价:
电话:			
车辆使用年限:			
当地的经济发展水平:			
居民生活水平:			
车辆用途:			
客户风险意识:			
客户驾龄:			
建议投保限额:		保费:	

(二)准备工作

实训车辆、"第三者险保险卡"。

(三)工作内容

与张女士进行良好有效的沟通,收集客户用车信息的要素;按照"第三者险保险卡"内容为张女士选择适合的商业三者险的投保限额。

考核要点:

(1)能否完整地收集客户的用车信息要素。

(2)能否根据收集的信息为张女士推荐适合的投保限额,正确地完成"第三者险保险卡"的填写。

(3)能否就张女士的实际情况和建议投保的限额给出专业的解释,让张女士放心地投保第三者责任险。

三、评价反馈

1. 自我评价

(1)你能根据自己的理解说出机动车第三者责任险的含义吗?

(2)你能说出机动车第三者责任险的保险责任吗?

(3)你能根据"第三者险保险卡"的内容与客户进行良好的沟通吗？

(4)通过你的帮助客户认识机动车第三者责任险了吗？

2．小组评价
(1)你们认为和其他组相比，你们任务完成得更好吗？

(2)你们小组的各组员有明确的分工吗？任务过程中配合默契吗？

(3)你们小组在完成任务过程中有向其他组学习和沟通吗？

(4)本次任务你们小组在规定时间内顺利完成了吗？

3．教师评价
(1)小组综合表现：

(2)优势：

(3)待提升之处：

四、学习拓展

张女士回去以后和与朋友讨论是否投保机动车第三者险，应该选择怎样的投保限额时，朋友告诉她车辆已经购买了交强险，交强险与第三者责任险的赔偿范围是相同的，因此不需要再购买第三者责任险。作为保险营销人员，请你根据所学知识，结合自己的理解和张女士的实际情况，为张女士进行专业地解释，解决张女士的疑虑。

子任务4　认识机动车车上人员责任险

一、知识准备

(一) 机动车车上人员责任险的含义

保险期间内，被保险人或其允许的合法驾驶人在使用被保险机动车过程中发生意外事故，致使车上人员遭受人身伤亡，依法应当对车上人员承担的损害赔偿责任，保险人依照本保险合同的约定负责赔偿。

注意：机动车车上人员责任险承认的"车上人员"是指意外事故发生的瞬间，在被保险机动车车体内或车体上的人员，包括正在上下车的人员。

(二) 保险责任

保险人依据被保险机动车一方在事故中所负的事故责任比例,承担相应的赔偿责任。

被保险人或被保险机动车一方根据有关法律法规规定选择自行协商或由公安机关交通管理部门处理事故未确定事故责任比例的,按照下列规定确定事故责任比例。

(1)被保险机动车一方负主要事故责任的,事故责任比例为70%。

(2)被保险机动车一方负同等事故责任的,事故责任比例为50%。

(3)被保险机动车一方负次要事故责任的,事故责任比例为30%。

(4)涉及司法或仲裁程序的,以法院或仲裁机构最终生效的法律文书为准。

(三) 责任免除

(1)事故发生后,被保险人或其允许的驾驶人故意破坏、伪造现场、毁灭证据。

(2)驾驶人有下列情形之一者:

①事故发生后,在未依法采取措施的情况下驾驶被保险机动车或者遗弃被保险机动车离开事故现场。

②饮酒、吸食或注射毒品、服用国家管制的精神药品或者麻醉药品。

③无驾驶证(图2-8),驾驶证被依法扣留、暂扣、吊销、注销期间。

图2-8 无证驾驶

④驾驶与驾驶证载明的准驾车型不相符合的机动车。

⑤实习期内驾驶公共汽车、营运客车或者执行任务的警车、载有危险物品的机动车或牵引挂车的机动车。

⑥驾驶出租机动车或营业性机动车无交通运输管理部门核发的许可证书或其他必备证书。

⑦学习驾驶时无合法教练员随车指导。

⑧非被保险人允许的驾驶人。

(3)被保险机动车有下列情形之一者:

①发生保险事故时被保险机动车行驶证、号牌被注销的,或未按规定检验及不合格的。

②被扣押、收缴、没收、政府征用期间。

③在竞赛、测试期间,在营业性场所维修改装期间。

④全车被盗窃、被抢劫、被抢夺、下落不明期间。

(4)下列原因导致的人身伤亡,保险人不负责赔偿:

①地震及其次生灾害、战争、军事冲突、恐怖活动、暴乱、污染(含放射性污染)、核反应、核辐射。

②被保险机动车被转让、改装、加装或改变使用性质等,被保险人、受让人未及时通知保险人,且因转让、改装、加装或改变使用性质等导致被保险机动车危险程度显著增加。

③被保险人或驾驶人的故意行为。

(5)下列人身伤亡、损失和费用,保险人不负责赔偿:

①保险人及驾驶人以外的其他车上人员的故意行为造成的自身伤亡。

②车上人员因疾病、分娩、自残、斗殴、自杀、犯罪行为造成的自身伤亡。

③违法、违章搭乘人员的人身伤亡。

④罚款、罚金或惩罚性赔款。

⑤超出《道路交通事故受伤人员临床诊疗指南》和国家基本医疗保险同类医疗费用标准的费用部分。

⑥律师费,未经保险人事先书面同意的诉讼费、仲裁费。

⑦投保人、被保险人或其允许的驾驶人知道保险事故发生后,故意或者因重大过失未及时通知保险人,致使保险事故的性质、原因、损失程度等难以确定的,保险人对无法确定的部分不承担赔偿责任,但保险人通过其他途径已及时知道或应当及时知道保险事故发生的除外。

⑧精神损害抚慰金。

⑨应当由机动车交通事故责任强制保险赔付的损失和费用。

(6)保险人在依据本保险合同约定计算赔款的基础上,在保险单载明的责任限额内,按照下列方式免赔:

被保险机动车一方负次要事故责任的,实行5%的事故责任免赔率;负同等事故责任的,实行10%的事故责任免赔率;负主要事故责任的,实行15%的事故责任免赔率;负全部事故责任或单方肇事事故的,实行20%的事故责任免赔率。

(四)责任限额

驾驶人每次事故责任限额和乘客每次事故每人责任限额由投保人和保险人在投保时协商确定。投保乘客座位数按照被保险机动车的核定载客数(驾驶人座位除外)确定。车上人员责任险的责任限额可以确定为1万元、2万元、5万元、10万元。

(五)与意外险的区别

(1)车上人员责任险是一种责任保险,而意外伤害保险则是意外险范畴,二者的标准不同。

(2)机动车车上人员责任险是随"车"不随"人",不论乘客是谁,只要在车上,就属于车上人员责任险的保障范围。而意外伤害险则是随"人"不随"车",只要是对应的人员投保了意外险,无论在车上还是车下的意外,都属于意外险的保障范围。

(六)赔偿处理

(1)发生保险事故时,被保险人或其允许的驾驶人应当及时采取合理的、必要的施救和保护措施,防止或者减少损失,并在保险事故发生后48h内通知保险人。被保险人或其允许的驾驶人根据有关法律法规规定选择自行协商方式处理交通事故的,应立即通知保险人。

(2)被保险人或其允许的驾驶人根据有关法律法规规定选择自行协商方式处理交通事故的,应当协助保险人勘验事故各方车辆、核实事故责任,并依照《道路交通事故处理程序规定》签订记录交通事故情况的协议书。

(3)被保险人索赔时,应当向保险人提供与确认保险事故的性质、原因、损失程度等有关的证明和资料。被保险人应当提供保险单、损失清单、有关费用单据、被保险机动车行驶证和发生事故时驾驶人的驾驶证。

注意:属于道路交通事故的,被保险人应当提供公安机关交通管理部门或法院等机构出具的事故证明、有关的法律文书(判决书、调解书、裁定书、裁决书等)和通过机动车交通事故责任强制保险获得赔偿金额的证明材料。被保险人或其允许的驾驶人根据有关法律法规规定选择自行协商方式处理交通事故的,被保险人应当提供依照《道路交通事故处理程序规定》签订记录交通事故情况的协议书和通过机动车交通事故责任强制保险获得赔偿金额的证明材料。

(七)赔款计算

(1)对每座的受害人,当(依合同约定核定的每座车上人员人身伤亡损失金额 – 应当由机动车交通事故责任强制保险赔偿的金额)×事故责任比例高于或等于每次事故每座的赔偿限额时:

赔款 = 每次事故每座赔偿限额×(1 – 事故责任免赔率)

对每座的受害人,当(依合同约定核定的每座车上人员人身伤亡损失金额 – 应由机动车交通事故责任强制保险赔偿的金额)×事故责任比例低于每次事故每座赔偿限额时:

赔款 = (依合同约定核定的每座车上人员人身伤亡损失金额 – 应由机动车交通事故责任强制保险赔偿的金额)×事故责任比例×(1 – 事故责任免赔率)

(2)保险人按照《道路交通事故受伤人员临床诊疗指南》和国家基本医疗保险的同类医疗费用标准核定医疗费用的赔偿金额。

未经保险人书面同意,被保险人自行承诺或支付的赔偿金额,保险人有权重新核定。因被保险人原因导致损失金额无法确定的,保险人有权拒绝赔偿。

(3)保险人受理报案、现场查勘、核定损失、参与诉讼、进行抗辩、要求被保险人提供证明和资料、向被保险人提供专业建议等行为,均不构成保险人对赔偿责任的承诺。

二、任务实施

(一)任务目标

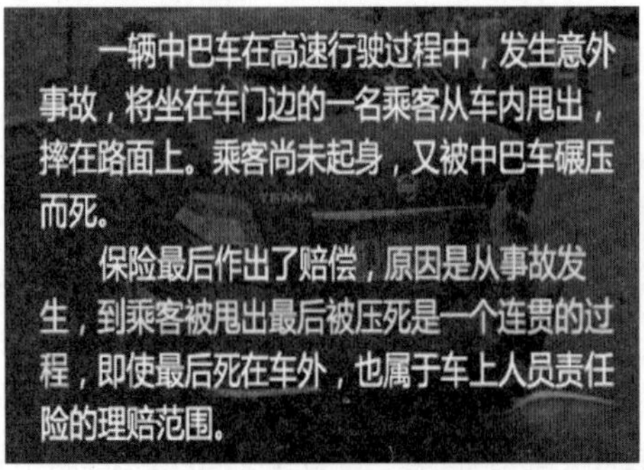

图 2-9 机动车车上人员责任险案例

(1)能正确分析案例(图2-9)中保险公司作出的认定是否正确,该乘客是否属于车上人员。

(2)能分析出案例中的情况是否属于机动车车上人员责任险的保险责任,并能条理清晰地说出判断理由,体现专业性。

(3)能够结合所学知识,说出判断的理由,体现专业性。

(二)准备工作

A4纸、笔、夹板。

(三)工作内容

根据所学内容,分析案例中保险公司的认定是否正确,该乘客是否属于车上人员,此案件是否属于机动车车上人员责任险的保险责任。

考核要点:
(1)能否对案例中的情况做出正确的分析判断。
(2)能否条理清晰地说出判断的理由。

三、评价反馈

1. 自我评价

(1)你认真学习且积极参与完成本任务了吗?

(2)你能说出机动车车上人员责任险的内容吗?

(3)你能帮助别人认识机动车车上人员责任险吗?

(4)你能用自己的语言总结机动车车上人员责任险的保险责任吗?

2. 小组评价

(1)你们小组在完成任务过程中都积极发表意见、参与讨论了吗?

(2)你们小组在完成任务过程中组员相互配合、组织有序吗?

(3)你们小组在完成任务过程中锻炼了沟通表达能力、体现了专业性吗?

3. 教师评价

(1)小组综合表现:

(2)优势:

(3)待提升之处:

四、学习拓展

方先生驾驶自己的车辆时,因操作不当致使副驾驶的太太受伤。请你运用机动车车上人员责任险的相关知识,试着分析此案件中方先生的太太是否属于车上人员,此次事故是否属于机动车车上人员责任险的保险责任范畴。

子任务5　认识机动车全车盗抢险

一、知识准备

(一)机动车全车盗抢险的定义

机动车全车盗抢险(图2-10)是指在全车发生丢失被盗,报案后超过60天还无法寻回时,保险公司负责赔偿。

(二)保险责任

保险期间内,被保险机动车的下列损失和费用,且不属于免除保险人责任的范围,保险人依照本保险合同的约定负责赔偿:

(1)被保险机动车被盗窃、抢劫、抢夺,经出险当地县级以上公安刑侦部门立案证明,满60天未查明下落的全车损失。

(2)被保险机动车全车被盗窃、抢劫、抢夺后,受到损坏或车上零部件、附属设备丢失需要修复的合理费用。

(3)被保险机动车在被抢劫、抢夺过程中,受到损坏需要修复的合理费用。

图2-10　机动车全车盗抢险案例

(三)责任免除

(1)在上述保险责任范围内,下列情况下,不论任何原因造成被保险机动车的任何损失和费用,保险人均不负责赔偿:

①被保险人索赔时未能提供出险当地县级以上公安刑侦部门出具的盗抢立案证明。

②驾驶人、被保险人、投保人故意破坏现场、伪造现场、毁灭证据。

③被保险机动车被扣押、罚没、查封、政府征用期间。

④被保险机动车在竞赛、测试期间,在营业性场所维修、改装期间,被运输期间。

(2)下列损失和费用,保险人不负责赔偿:

①地震及其次生灾害导致的损失和费用。

②战争、军事冲突、恐怖活动、暴乱导致的损失和费用。

③因诈骗引起的任何损失;因投保人、被保险人与他人的民事、经济纠纷导致的任何损失。

④被保险人或其允许的驾驶人的故意行为、犯罪行为导致的损失和费用。

⑤非全车遭盗窃,仅车上零部件或附属设备被盗窃或损坏(图2-11)。

⑥新增设备的损失。

⑦遭受保险责任范围内的损失后,未经必要修理并检验合格继续使用,致使损失扩大的部分。

图2-11　车上零部件被盗抢或损坏

⑧被保险机动车被转让、改装、加装或改变使用性质等,被保险人、受让人未及时通知保险人,且因转让、改装、加装或改变使用性质等导致被保险机动车危险程度显著增加而发生保险事故。

⑨投保人、被保险人或其允许的驾驶人知道保险事故发生后,故意或者因重大过失未及时通知保险人,致使保险事故的性质、原因、损失程度等难以确定的,保险人对无法确定的部分不承担赔偿责任,但保险人通过其他途径已及时知道或应当及时知道保险事故发生的除外。

(四)保险金额的确定

1. 保险金额

保险金额在投保时被保险机动车的实际价值内协商确定。

投保时被保险机动车的实际价值由投保人与保险人根据投保时的新车购置价减去折旧金额后的价格协商确定或其他市场公允价值协商确定。

注意:月折旧率同机动车损失险。

实际价值的计算方法:

$$实际价值 = 新车购置价 - 折旧金额$$

$$折旧金额 = 新车购置价 \times 车辆已使用月数 \times 月折旧率$$

2. 机动车全车盗抢险的费率(表2-17)

机动车全车盗抢险费率表　　　　　表2-17

家庭自用车		
车辆种类	基础保费(元)	费率(%)
6座以下	120	0.49
6~10座	140	0.44
10座以上	140	0.44
企业非营运客车		
车辆种类	基础保费(元)	费率(%)
6座以下	120	0.45
6~10座	130	0.46
10~20座	130	0.46

盗抢险保费 = 基础保费 + 保险金额 × 费率

(五)免赔率规定

保险人在依据本保险合同约定计算赔款的基础上,按照下列方式免赔:

(1)发生全车损失的,绝对免赔率为20%。

(2)发生全车损失,被保险人未能提供"机动车登记证书"、机动车来历凭证的,每缺少一项,增加1%的绝对免赔率。

(六)赔偿处理

(1)被保险机动车全车被盗抢的,被保险人知道保险事故发生后,应在24h内向出险当地公安刑侦部门报案,并通知保险人。

(2)被保险人索赔时,须提供保险单、损失清单、有关费用单据、"机动车登记证书"、机动车来历凭证以及出险当地县级以上公安刑侦部门出具的盗抢立案证明。

(3)因保险事故损坏的被保险机动车,应当尽量修复。修理前被保险人应当会同保险人检验,协商确定修理项目、方式和费用。对未协商确定的,保险人可以重新核定。

(4)被保险机动车全车被盗抢的,按以下方法计算赔款:

$$赔款 = 保险金额 \times (1 - 绝对免赔率之和)$$

(5)保险人确认索赔单证齐全、有效后,被保险人签具权益转让书,保险人赔付结案。

(6)被保险机动车发生本保险事故,导致全部损失,或一次赔款金额与免赔金额之和达到保险金额,保险人按本保险合同约定支付赔款后,本保险责任终止,保险人不退还机动车全车盗抢险及其附加险的保险费。

二、任务实施

(一)任务目标

(1)能够用自己的语言总结出机动车全车盗抢险的免除责任有哪些。

(2)能够灵活运用所学知识,建立一张机动车全车盗抢险责任免除卡(表2-18),模拟10种不同的保险人责任免除的情况,此卡片可为客户用车起到提醒作用。

盗抢险责任免除卡   表2-18

事故情况	责任免除	事故情况	责任免除	总结
1.		6.		
2.		7.		
3.		8.		
4.		9.		
5.		10.		

(二)准备工作

实训用车辆、A4纸、盗抢险责任免除卡。

(三)工作内容

通过所学的机动车全车盗抢险的保险责任及免除责任的相关知识,通过自己的理解,建立盗抢险责任免除卡。

考核要点:

(1)能否通过自己的理解总结出机动车全车盗抢险的保险责任及免除责任范围。

(2)能否正确完成盗抢险责任免除卡的填写,模拟的情况均填写正确。

三、评价反馈

1. 自我评价

(1)对本次学习任务的学习,你对自己的参与度满意吗?

(2)你能正确地说出机动车全车盗抢险的保险责任吗?

(3)你能通过自己的理解总结机动车全车盗抢险的免除责任吗?

2.小组评价

(1)你们小组对于如何完成任务制订了计划吗?

(2)你们小组在完成任务过程中有明确的分工吗?

(3)你们小组在完成任务过程中组员都积极参与、相互配合吗?

3.教师评价

(1)小组综合表现:

(2)优势:

(3)待提升之处:

四、学习拓展

张女士的朋友有一辆车,购车日期是2018年4月,新车购置价为10万元,现保险到期需要续保,请你帮助张女士的朋友计算:
(1)这辆车现在的保险金额是多少?
(2)这辆车今年购买机动车全车盗抢险的保费是多少?

子任务6　认识机动车主要附加险

一、知识准备

(一)玻璃单独破碎险

1.定义

在保险期间内,发生本车风窗玻璃、车窗玻璃单独破碎时,保险公司按实际损失赔偿。

注意:本附加险只赔风窗玻璃和车窗玻璃,不赔倒车镜玻璃、车灯玻璃、仪表玻璃等;车损险中只将前后风窗玻璃和左右车窗玻璃的单独破碎列为免除责任。

2.投保

(1)投保了机动车损失险的机动车,可投保本附加险。

(2)投保人与保险人可协商选择按进口或国产玻璃投保。保险人根据协商选择的投保方式承担相应的赔偿责任。

(3)本附加险不适用主险中的各项免赔率、免赔额约定。

3. 车上玻璃单独破碎最常见的情况

(1)当汽车在高速公路上或者道路行驶条件不好的地区行驶时,溅起的小石子(飞石)将风窗玻璃击碎(图2-12)。

(2)小偷敲掉侧面车窗玻璃为了偷车上财物。

(3)高空坠物将风窗玻璃或天窗玻璃砸碎。

4. 责任免除

(1)安装、维修机动车过程中造成的玻璃单独破碎,保险公司不负责赔偿。

(2)由于玻璃本身的质量问题造成的损坏,保险公司不负责赔偿。

(二)自燃损失险

1. 保险责任

(1)保险期间内,在没有外界火源的情况下,由于本车电器、线路、供油系统、供气系统等被保险机动车自身原因或所载货物自身原因起火燃烧造成本车的损失(图2-13)。

图2-12　高速路上飞石将风窗玻璃击碎

图2-13　车辆自燃

(2)发生保险事故时,被保险人为防止或者减少被保险机动车的损失所支付的必要的、合理的施救费用,由保险人承担;施救费用数额在被保险机动车损失赔偿金额以外另行计算,最高不超过本附加险保险金额的数额。

2. 投保及责任免除

投保:

(1)投保了机动车损失险的机动车,方可投保本附加险。

(2)保险金额由投保人和保险人在投保时被保险机动车的实际价值内协商确定。

注意事项:

(1)尽管车辆发生自燃的概率相对较小,但发生自燃时损失巨大,最严重的自燃车甚至无法修理,到了报废的地步,因自燃造成的损失在车险里几乎是最严重的。

(2)即使投保了自燃损失险,车辆着火时不一定得到保险公司的赔偿。以下情况属于自燃损失险的责任免除:

①人工直接供油、高温烘烤等违反车辆安全操作规则引起的火灾造成的损失。

②自燃仅造成电器、线路、供油系统的损失。

③人为造成火灾的。

④擅自改装、加装电器及设备引起火灾造成的损失。
(3)每次赔偿有20%的绝对免赔率,不适用主险中的各项免赔规定。

(三)车身划痕险

1. 保险责任

保险期间内,投保了本附加险的机动车在被保险人或其允许的驾驶人使用过程中,发生无明显碰撞痕迹的车身划痕损失(图2-14),保险人按照保险合同约定负责赔偿。

2. 投保

(1)投保了机动车损失险的机动车,方可投保本附加险。

(2)保险金额为2000元、5000元、10000元或20000元,由投保人和保险人在投保时协商确定。

3. 责任免除

(1)被保险人及其家庭成员、驾驶人及其家庭成员的故意行为造成的损失。

(2)因投保人、被保险人与他人的民事、经济纠纷导致的任何损失。

图2-14 无明显碰撞痕迹的划痕

(3)车身表面自然老化、损坏,腐蚀造成的任何损失。

(4)本附加险每次赔偿实行15%的绝对免赔率,不适用主险中的各项免赔率、免赔额的约定。

4. 须注意的问题

(1)车身表面被划伤最常见的情况:

①在停车期间被人用硬物划伤漆面。

②由于驾驶技术不熟练车身表面被剐蹭。

(2)在保险期间内,累计赔款金额达到保险金额,本附加险保险责任终止。

(四)新增设备损失险

1. 含义

新增设备是指保险车辆出厂时原有各项附属设备外,被保险人另外加装或改装的设备及设施。如:加装DVD导航、防盗系统、GPS等。

2. 投保

(1)投保了机动车损失险,方可投保本附加险。

(2)保险金额根据新增加设备投保时的实际价格确定。新增加设备的实际价格是指新增加设备的购置价减去折旧金额后的价格。

3. 责任免除

每次赔偿的免赔规定以机动车损失险条款为准。

(五)发动机涉水损失险

1. 保险责任

保险期间内,投保了本附加险的被保险机动车在使用过程中,因发动机进水后导致的发动机的直接损毁,保险人负责赔偿(图2-15)。

发生保险事故时,被保险人为防止或者减少被保险机动车的损失所支付的必要的、合理

图 2-15 发动机涉水损失险

的施救费用,由保险人承担;施救费用数额在被保险机动车损失赔偿金额以外另行计算,最高不超过保险金额的数额。

2. 责任免除

(1)每次赔偿均实行15%的绝对免赔率,不适用主险中的各项免赔率、免赔额规定。

(2)本附加险仅适用于家庭自用汽车、党政机关、事业团体用车、企业非营业用车,且只有在投保了机动车损失险后,方可投保本附加险。

(六)修理期间费用补偿险

1. 保险责任

保险期间内,投保了本条款的机动车在使用过程中,发生机动车损失保险责任范围内的事故,造成车身损毁,致使被保险机动车停驶,保险人按保险合同约定,在保险金额内向被保险人补偿修理期间费用,作为代步车费用或弥补停驶损失。

2. 责任免除

(1)因机动车损失保险责任范围以外的事故而致被保险机动车的损毁或修理。

(2)在非保险人指定的修理厂修理时,因车辆修理质量不符合要求造成返修。

(3)被保险人或驾驶人拖延车辆送修期间。

(4)本保险每次事故的绝对免赔额为1天的赔偿金额,不适用主险中的各项免赔率、免赔额规定。

3. 投保

(1)只有在投保了机动车损失险的基础上方可投保本附加险,机动车损失险保险责任终止时,本保险责任同时终止。

(2)保险金额=补偿天数×日补偿金额。

补偿天数及日补偿金额由投保人与保险人协商确定并在保险合同中载明,保险期间内约定的补偿天数最高不超过90天。

4. 赔偿处理

全车损失,按保险单载明的保险金额计算赔偿;部分损失,在保险金额内按约定的日赔偿金额乘以从送修之日起至修复之日止的实际天数计算赔偿,实际天数超过双方约定的修理天数的,以双方约定的修理天数为准。

在保险期间内,累计赔款金额达到保险单载明的保险金额,本附加险的保险责任即终止。

(七)不计免赔险

1. 含义

不计免赔险就是把原来合同中规定的应该由被保险人自行承担的免赔金额部分转嫁,由保险公司负责赔偿。

2. 投保

(1)投保了任一主险及其他设置了免赔率的附加险后,均可投保本附加险。

(2)该险种的保费一般是相应险种标准保费的15%~20%。
3．责任免除
(1)车损险中应当由第三方负责赔偿而无法找到第三方的。
(2)违反安全装载规定超载的。
(3)盗抢险中未能提供"机动车登记证书"、机动车来历凭证的,每缺少一项而增加的免赔率。
(4)机动车损失险中约定的每次事故的绝对免赔额。

(八)机动车损失保险无法找到第三方特约险
1．保险责任
投保了本附加险后,对于机动车损失险保险条款列明的被保险机动车损失,应当由第三方负责赔偿,但因无法找到第三方而增加的由被保险人自行承担的免赔金额,保险人负责赔偿。
2．投保
投保了机动车损失险后,可投保本附加险。

二、任务实施

(一)任务目标
(1)能够准确理解机动车主要附加险的保险责任和责任免除。
(2)能够灵活运用所学知识,结合客户个人情况和实际用车情况,为客户选择合适的附加险进行投保。
(3)能够通过自己的理解,用自己的语言为客户作出合理解释,沟通过程中体现保险营销人员的专业性。

(二)准备工作
实训用车辆、A4纸、"附加险保险卡"。

(三)工作内容
根据客户的个性情况和实际用车情况,结合所学知识,通过自己的理解,为客户选择合适的附加险种,完成"附加险保险卡"的填写(表2-19),并作出专业合理的解释。

附加险保险卡 表2-19

客户情况	选择的主险	选择的附加险	选择理由	附加险投保方案
驾龄:	1.	1.		
车龄:	2.	2.		
年龄:	3.	3.		
车辆用途:	4.	4.		
行驶区域:		5.		
驾驶习惯		6.		

考核要点:
(1)能否通过自己的理解,结合客户实际情况,为其选择合适的附加险。
(2)能否正确完成"附加险保险卡"的填写。
(3)能否用自己的语言为客户清楚地说明选择理由,体现专业性。

三、评价反馈

1. 自我评价

(1) 你能够很好地理解机动车主要附加险的相关知识吗？
_____

(2) 你认为附加险种哪些险种的理解存在一定的难度？
_____

(3) 你能通过自己的理解，用自己的语言说明各附加险的保险责任和责任免除吗？
_____

(4) 你能为客户选择合适的附加险险种投保，并专业地为客户作出解释吗？
_____

2. 小组评价

(1) 你们小组对于如何完成任务有明确的计划吗？
_____

(2) 你们小组在完成任务过程中分工明确吗？
_____

(3) 你们小组在完成任务过程中组员都积极参与、相互配合吗？
_____

3. 教师评价

(1) 小组综合表现：
_____

(2) 优势：
_____

(3) 待提升之处：
_____

四、学习拓展

28岁的刘女士驾龄2年，于2017年购买了一辆大众途观车，主要用于上下班代步，同时，刘女士节假日喜欢邀朋友一起自驾游。

请为刘女士设计一套最佳投保方案，并说明各险种选择的原因。

学习任务三　制订汽车保险投保方案

学习目标

1. 能够理解车辆面临的风险因素；
2. 了解客户选择保险公司时需要考虑的因素，并与客户进行良好的沟通；
3. 知道汽车保险投保的途径及各投保渠道的优缺点；
4. 能够知道为客户选择适合的保险公司的方法；
5. 能够制订汽车保险投保方案；
6. 能通过网络查询相关资料，并结合所学知识，帮助客户选择合理的险种组合方案；
7. 能够结合客户实际情况，为客户分析车辆面临的风险并制订汽车保险投保方案。

学习内容

1. 机动车面临的风险因素；
2. 汽车保险投保途径种类；
3. 汽车保险投保途径的特征；
4. 选择保险公司的考虑因素；
5. 投保方案设计流程；
6. 确定保险需求的因素；
7. 确定险种组合方案；
8. 险种组合方案的特点；
9. 制订汽车保险投保方案。

建议学时:24学时。

 任务描述

张女士是一名公司白领，她于2019年在一汽大众4S店购买了一辆新迈腾轿车，用于上下班代步。汽车保险销售人员给车主除交强险外，还进行了商业保险的报价，总价6500元，并为其选择了一家保险公司。张女士有些疑虑，为什么自己的车辆保费比他之前奇瑞QQ车辆保费高，因此她不知道汽车保险销售人员为她选择的投保方案是否合理，并且面对众多的保险险种、投保渠道和保险公司，她不知道该如何选择。作为汽车保险销售人员，请你为张女士分析她的机动车面临的风险，解决其疑虑。

任务分析

汽车保险销售途径各不相同,保险公司及险种众多,作为一名专业的汽车保险销售人员,你要帮助张女士清楚知道汽车保险各投保途径的特征,从专业角度帮助客户分析各种投保途径的优劣势,告知其选择保险公司及投保险种时应该考虑的因素,并通过帮助客户分析其所面临的风险,选择适合的险种,为客户制订最适合的投保方案,让车主打消疑虑,放心地购买汽车保险。

子任务1　分析机动车面临的风险

一、知识准备

(一)车主面临的主要风险

1. 自身车辆的损失(图3-1)

(1)车辆因意外事故引起的损失。如:碰撞、刮擦、倾覆等。

(2)车辆因自然灾害引起的损失。如:地震、海啸、暴风雨、滑坡、泥石流等。

(3)车辆因社会风险引起的损失。如:被盗、被抢、被划伤等。

图3-1　车主面临的风险

(4)车辆因自身原因引起的损失。如:自身故障、自燃、腐蚀等。

(5)车辆因车主或驾驶人的原因引起的损失。如:车辆发生故障后操作不当、疲劳驾驶等。

2. 人员伤亡的损失

(1)本车人员的伤亡(车主、驾驶人或本车乘客)。

(2)本车人员以外的人员伤亡(车下的人员)。

3. 自身车辆以外的财产损失

(1)车主或驾驶人、乘客随身携带的物品的财产损失。

(2)除本车人员以外的第三者遭受的财产损失。

(3)发生事故时产生的施救费用。

(4)车上承载的货物的损失。

(5)公共财产损失,如防护栏、路灯等。

(6)车主因发生事故造成车辆停驶期间产生的利润损失。

(二)投保时需考虑的车辆风险因素

1. 厂牌风险的因素(常见车辆品牌如图3-2所示)

(1)美国、西北欧汽车更注重汽车安全性。

（2）日本汽车的综合性价比高,安全性低于美国和西北欧汽车。

图 3-2　常见车辆品牌

（3）韩国车的安全性能不如以上各国。
（4）我国国产、合资生产的汽车与韩国相当。
（5）东欧汽车及其他类汽车次之。

以上可以作一个风险比较：美国、西北欧车＜日本车＜韩国车＝国产车。因此,不同品牌的车辆由于安全性能不同,面临的风险也不同。

2. 车辆种类的风险

常见车辆种类如图 3-3 所示。

图 3-3　常见车辆种类

(1)客车:座位数影响乘客责任,风险大,且车体大,运行中的轨迹、方向不易掌握(须 A 本驾驶人驾驶)。

(2)货车:吨位数与座位数的特点较为相似,一个是针对人,一个是针对货物,因此,在承保车上货物责任险时,要充分考虑吨位数的影响,吨位越大,价格高,灵活性差,对车的操纵性有影响。

(3)其他车辆:

①专用车——各有不同性质的风险。

②摩托车——环境适应性差,安全性差。

③拖拉机——驾驶技术差。

3.机动车排量风险

排量的大小与车的级别、汽车的动力性、汽车价格有直接关系,对同一类汽车发生事故的损失不同,风险不同。特别是我国的路况差别较大。

(三)车龄风险

车龄与车况有直接关系,而车况差,由于系统失效造成的车辆事故增多,火灾的发生概率增加。骗保的成本低使道德风险概率同步上升(图3-4)。因此,投保时应考虑车辆是新车、旧车还是接近报废的车辆。

图3-4 道德风险上升

1.行驶区域的风险

(1)行驶区域大小不同,路况熟悉程度不同,区域大,风险大。

(2)不同区域造成的损失承担的赔偿责任不同。

(3)国外重视程度大于国内(波恩汽车保险的费用比在柏林少一半)。

行驶区域的风险可以作一个比较:

省内行驶风险＜国内行驶风险＜出入境风险。

因此,在投保时应考虑车辆行驶的区域是出入境、全国境内还是省内;有无固定行驶线路、行驶区域路况如何等。

2.使用性质的风险

使用汽车的频率和机会不同,每年行驶的里程不同,风险程度不同。一般营运车辆长时间运转,车辆磨损率及事故概率比非营运车辆高。非营运车辆风险＜营运车辆风险。

因此,在投保时应考虑车辆属于营业车还是非营业车;营业车属于出租、公交、公路客运还是货运等;非营业车属于私家车、非营业个人用车还是企业或机关事业单位用车等。

3.所属性质的风险

主要从潜在道德风险角度考虑:

(1)公车与私车不同。

(2)个人营运车辆与车队营运车辆不同。

二、任务实施

(一)任务目标

(1)能够与客户进行良好有效的沟通,了解客户的用车信息,收集客户用车信息的要素。

(2)能够根据收集的客户用车信息,正确规范地完成"客户档案表"的填写。

(3)能够运用所学知识,结合客户实际情况,为客户分析其机动车面临的风险,完成风险评估分析报告。

(4)能够灵活运用所学知识,从机动车风险类型和风险判别方法着手,帮助客户清楚知道不同风险下车辆保费不同的问题。

(二)准备工作

实训用车辆、保险客户档案表、风险评估分析报告。

(三)工作内容

(1)与客户张女士进行良好有效的沟通,收集张女士用车信息的要素;按照"客户档案表"(表3-1)内容记录客户的用车信息。

客户档案表　　　　　　　　　　　　　　　表3-1

保险客户档案表			
营销人员:	填表日期:		编号:
基本信息			
车主:	车牌号:	发动机号:	车架号:
购车日期:	车型:	驾龄:	
电话:			
用车区域:			
生活习惯:			
车辆用途:			
家庭成员(用车及乘车)	1.	2.	3.
	4.	5.	6.
是否购买人身意外伤害险			
是否有固定停车地点:	有□　无□	地下停车场□	路面停车位□

考核要点:

①能否与张女士进行良好有效的沟通,沟通过程中注意礼仪,体现专业性。

②能否按照"客户档案表"的内容获取张女士的用车信息并准确地记录,完成"客户档案表"的填写。

(2)运用所学知识,结合张女士的实际情况,分析其机动车的风险,完成风险评估分析报告的填写(表3-2),并选择合适的风险管理方法。

考核要点：
①能否帮助张女士充分分析其机动车面临的风险。
②能否为张女士正确清楚地介绍机动车各种风险管理方法。
③能否帮助张女士知道不同风险下车辆保费不同的问题，并说出理由。

机动车面临风险评估分析报告　　　　　　　　　　　　　　　　　　　表3-2

客户用车情况	机动车面临的风险	机动车面临风险的比较	评估结果 （不同风险下车辆保费不同的解释）
1.	1.	1.	机动车风险情况：
2.	2.	2.	
3.	3.	3.	
4.	4.	4.	理由：
5.	5.	5.	
6.	6.	6.	

三、评价反馈

1. 自我评价

(1) 对本次学习任务的学习，你自己满意吗？

(2) 你能说出机动车面临的风险吗？

(3) 你能独立完成对客户用车信息的收集工作吗？

(4) 你能帮助客户分析其机动车面临的风险吗？

(5) 你能帮助客户知道不同风险下车辆保费不同的问题吗？

2. 小组评价

(1) 你们小组在完成任务时是各抒己见、积极发表意见吗？

(2) 你们小组在完成任务前制订计划了吗？

(3) 你们小组在完成任务过程中组员都积极参与、相互配合吗？

(4) 你们小组在完成任务过程中相互配合，体现了团队协作能力吗？

3.教师评价
(1)小组综合表现：
_____
(2)优势：
_____
(3)待提升之处：
_____

四、学习拓展

张女士在使用车辆5年后，车辆保险到期需要续保。且张女士的车辆主要用于上下班代步，以及接送上小学的儿子上下学，除此之外，她还经常在节假日带家人外出自驾游。请你为张女士重新分析机动车面临的风险，以便张女士清楚地知道自己该如何进行投保。

子任务2　选择汽车保险投保途径

一、知识准备

目前购买汽车保险的途径很多，不同渠道从保险公司拿到的成本价不同，在市场上代理费率也不同，选择不同途径购买汽车保险所需的保费是不同的，同时不同公司的产品保障范围也有区别。目前投保途径主要有柜台投保、兼业代理机构投保、专业代理机构代理投保、经纪人投保、电话投保和网上投保。在上述投保途径中，现在最常用的是柜台投保、兼业代理机构投保和专业代理机构代理投保。随着我国保险业的发展，电话投保和网上投保将是未来的发展趋势。现在有不少保险公司推出了电话销售、网络销售、银行代理等投保新渠道，以方便客户投保。

（一）柜台投保

柜台投保是指投保人直接携带相关资料前往保险公司的营业网点，当场填写保单并缴费进行投保（图3-5）。柜台投保的优缺点见表3-3。

图3-5　柜台投保

柜台投保的优缺点	表 3-3
柜台投保的优点	
车主亲自到保险公司投保,有保险公司专业的业务人员对每个保险险种及保险条款进行详细的介绍和讲解,并根据投保人的实际情况提出保险建议供参考,车主能选择到更适合自己的保险产品,车主利益得到更充分的保障。投保人直接到保险公司投保,降低了营业成本,商业车险费率可能还可以优惠。投保人在保险服务方面也可以获得更多的信息和服务。最重要的一点就是车主可以避免被一些非法中介误导和欺骗	
柜台投保的缺点	
需到保险企业投保,可能会耽误时间,给车主带来不便。另外,在发生保险事故时,如果保险企业没有为客户指定保险服务人员,也需要客户自己进行索赔,不够便捷	

（二）兼业代理机构投保

兼业代理是指受保险人委托,在从事自身业务的同时,指定专人为保险人代办保险业务的单位,如汽车 4S 店、汽车修理厂等。保险兼业代理在我国目前保险销售体系中占有重要的地位,占据了车险市场 70% 的份额。兼业代理机构投保的优缺点见表 3-4。

兼业代理投保的优缺点	表 3-4
兼业代理投保的优点	
网点众多、接触客户广泛、业务量大。在车主买车的同时,4S 店可以帮助车主联系保险公司,解决新车主对车险一无所知的问题。车主通过 4S 店购买车辆商业保险,日后如果车辆发生事故,需要保险公司出险、赔偿时,不仅可以通过拨打保险公司的车险电话报案,还可以通过 4S 店的保险顾问进行保险理赔"一站式"服务以及"一对一"的直线服务,快捷方便,且维修质量也有保障	
兼业代理投保的缺点	
只能选择其合作范围内的保险公司,选择的保险公司不多。相对而言其他渠道,在 4S 店投保价格偏高,因为保险公司的佣金返给了 4S 店,车主无法直接享受所有的佣金优惠。且保险公司与 4S 店签有相关协议,在 4S 店内投保,车主可获得保险公司根据 4S 点维修所需费用而计算出的相对较高的赔付金额,而不是根据一般汽车维修厂所计算出的"二、三类"赔付金额,所以保险费可能会高一些	

（三）专业代理机构投保

专业代理机构是指主营业务为代卖保险公司的保险产品的保险代理机构。专业代理机构投保适合多次通过一个业务员投保的车主。业务员为了维护老客户,会为车主提供额外的服务,如代理续保、缴费、对账等业务。通过专业代理机构投保的优缺点见表 3-5。

专业代理投保的优缺点	表 3-5
专业代理投保的优点	
专业代理机构合作的保险公司众多,因此车主对于保险公司的选择较多。同时由于目前各种保险中介竞争比较激烈,为争抢客户,他们给予的保险折扣会比较大,相对而言价格会比较低。专业代理还可以上门服务或代客户办理各种投保、理赔所需的手续,对客户而言较便捷	
专业代理投保的缺点	
保险业务员为了促成车主投保,对车主进行的口头承诺较多,但之后在出险理赔时很多却无法兑现。由于客户很容易相信个人承诺,尤其是所谓的朋友、熟人介绍的保险代理人,会直接向个人递交保费。一些非法的保险中介则会私自拖欠和挪用客户的保费,使保费无法及时、顺畅、安全地到达保险公司,使得客户在后期无法正常享受保险公司的赔偿	

(四)电话投保

电话投保(图3-6)是指通过拨打(接听)保险公司的服务电话进行投保。电话投保业务于2006年由中国平安保险公司率先推出,这一新型的营销模式很快火热起来。近年来,选择电话投保方式为爱车投保的车主越来越多,消费者大多被电话车险的便捷性和性价比所深深吸引。随着近年来电话投保业务的发展,直接通过打电话到保险公司投保已经成为与通过兼业代理机构或专业代理机构投保并驾齐驱的投保方式。通过电话投保的优缺点见表3-6。

图3-6 电话投保

电话投保的优缺点 表3-6

电话投保的优点
符合市场多元化需求,集中式管理的电销业务,由于实行集中管理和统一运作,会有效促进车险业务的规范、有序发展,起到维护保险市场规范的作用。
国家银保监会规定,电话车险在7折限价令的基础上,费率可再降15%。车主只要通过拨打电话就可投保,省去了购买车险的中间环节,可享受到价格与服务的双重优势。
通过电话直销途径购买车险,相关投保信息就会进入投保人所在地区分支机构的系统。随后,电话车险销售中心的工作人员就可根据车主的要求予以报价。如果车主决定投保,保险公司会派人上门提供保单。整个电话直销业务过程中,无论是缴纳投保资料、审核,还是缴费,都是由保险公司派人上门服务,客户足不出户就可以办理,办理方便。
电话车险运营商均是银保监会审核通过的优质企业,投保方式公正、透明,服务承诺有保障。同时,各家保险公司车险的投保电话均有录音,车主可随时要求复查自己投保时的电话录音,价格透明公开
电话投保的缺点
对推销商本人和提供的信息缺乏全面的了解,有上当受骗的风险,投保人需提防假冒投保电话,及遭遇假保单的危险。另外,日常保单事宜和理赔需亲自办理

(五)网上投保

网上投保(图3-7)是指客户在保险公司设立的专用网站上发送投保申请,保险公司在收到申请后电话联系客户进行确认的一种投保方式。

电话投保是近几年新发展起来的一种投保途径,并在未来的汽车保险销售中起着举足轻重的作用。真正意义上的网上保险意味着实现电子交易,即通过网络实现投保、核保、理赔、给付。但目前虽然各保险公司都推出了自己的网站,但主要内容大都局限于介绍公司的产品及业务等,用于宣传公司,扩大影响。网上投保的优缺点见表3-7。

图3-7 网上投保

网上投保的优缺点　　　　　　　　　　　　　　　　　　　　　　　表 3-7

网上投保的优点
通过网络,客户可以对同类别的产品,在众多保险公司中进行筛选,便于比较,价格也比传统保险渠道投保节省 10%~15% 的费用。并且很多网上投保站点都会有相当不错的优惠折扣提供给客户,而且有部分站点允许投保人利用自己手上的积分换取相当丰厚的礼品。网上投保简单、快捷,直接上网就可以操作,可在线直接支付保费
网上投保的缺点
网上投保不是人与人的沟通,所以需提防冒牌网站伪装成保险公司电子商务网站。并且客户需要对保险条款及保险产品比较熟悉,否则建议通过其他方式进行投保

二、任务实施

(一)任务目标

(1)能够通过自己的理解,结合所学知识,用自己的语言归纳总结各投保渠道的优缺点。

(2)能够结合客户实际情况,为客户选择适合的投保途径。

(3)能够灵活运用所学知识,就选择的投保渠道进行辩论,最终选出最适合客户的投保途径,辩论过程中体现保险营销人员的专业性,注意沟通表达技巧。

(二)准备工作

各投保途径优缺点表(表 3-8)、辩论记录表(表 3-9)、A4 纸。

各投保途径的优缺点表　　　　　　　　　　　　　　　　　　　　表 3-8

投保途径	1.	2.	3.	4.	5.
优点					
缺点					

辩　论　记　录　表　　　　　　　　　　　　　　　　　　　　　表 3-9

辩手	1.	2.	3.	4.	5.
选择的投保途径					
选择理由					

(三)工作内容

运用所学知识,结合张女士的实际情况,为张女士选择投保途径并说明理由;展开辩论最终选出最合适的投保途径。完成"各投保途径优缺点表"和"辩论记录表"的填写。

考核要点:

(1)能否通过自己的理解,总结出各投保途径的优缺点。

(2)能否结合客户的实际情况,选择适合的投保渠道并说明选择理由。

(3)能否就自己选择的投保途径发表观点展开辩论,体现专业性。

最终选择的投保途径:

说明选择理由：
_____
_____。

三、评价反馈

1. 自我评价

(1) 对本次学习任务的学习内容，你自己都能理解吗？
_____

(2) 你能说出汽车保险各投保途径的优缺点吗？
_____

(3) 你能独立完成柜台投保、兼业代理机构投保、专业代理机构代理投保、电话投保、网络投保的投保程序工作吗？
_____

(4) 你能结合客户实际情况，帮助客户选择适合的投保途径吗？
_____

2. 小组评价

(1) 你们小组任务准备时分工合理吗？组内对完成任务制订计划了吗？
_____

(2) 你们小组在完成任务过程中组员都积极参与、配合默契吗？
_____

(3) 你们小组在辩论过程中体现了保险营销人员的专业性吗？
_____

(4) 你们小组在辩论过程中注重沟通表达技巧了吗？
_____

3. 教师评价

(1) 小组综合表现：
_____

(2) 优势：
_____

(3) 待提升之处：
_____

四、学习拓展

你作为汽车4S店的保险营销人员，在与客户李先生沟通过程中，李先生提到他的朋友也在做保险，是某家保险公司的电话营销人员，他有意向照顾朋友，在朋友处投保汽车保险。请你灵活运用所学知识，结合李先生的实际情况，为客户进行客观的分析，让客户愿意选择在4S店投保。

子任务3　选择保险公司

一、知识准备

随着我国金融业的发展,目前国内保险公司(图3-8)众多,其中既有国有公司,又有股份制保险公司和外资保险公司,这使得投保人有了很大的选择余地,但同时也面临着更多的困惑。各家保险公司都有自己的特点,对于急需购买车险的客户而言,如何在众多的保险公司中选择经济实惠、信誉好、手续简单、理赔方便的保险公司至关重要。

图3-8　国内保险公司

(一)选择保险公司的方法

选择保险公司需要考虑很多因素,不仅要看其资本实力是否雄厚,更要看其服务水平的品质,最重要的,是要看其是否适合自己的判断标准。选择保险公司的思路如下:

(1)分析自身风险特征。根据自身车辆的特点、驾驶习惯、停车场所、车辆用途等,分析自身车辆面临的风险所在。

(2)确定投保险种。初步确定需要投保的险种需求,结合保险公司的条款规定,根据需要投保的险种选择保险公司。

(3)查阅当地有合法资质的保险公司。

(4)查阅保险公司的产品。查阅当地各保险公司的险种,找出能解决自身风险特征的保险公司。

(5)比较产品后初步选定保险公司。仔细阅读保险条款,了解清楚其保障范围,将自身的风险特征与实际保障范围进行对比,初步选定保险公司。

(6)对比价格,结合保险公司的个性化服务最终确定保险公司。对各保险公司产品的价格和优惠活动进行对比,但价格并非唯一决定因素,还需结合保险公司推出的个性化服务,最终确定适合自身需求的保险公司。

(二)选择保险公司的参考标准

1. 偿付能力

偿付能力是保险公司的经营是否值得信任的最重要的指标。一般来讲,公司的资本金越多,偿付能力越强,因为资金的运用能力和投资回报率与偿付能力成正比,保险公司的偿付能力是支付保险金的能力。保险公司的偿付能力是影响公司经营的最重要因素,具备良好的偿付能力,保险公司就可以保证在发生保险事故的情况下,有足够的资金向被保险人支付保险金,保证保险公司的正常经营。

2. 汽车保险产品

不同的保险公司,同样产品的价格可能不同,同等保费的保障范围和保障时间也会有所不同。投保人在投保时要看清楚这些细节,更需特别注意不赔偿的范围,应当选择不赔偿范围小的保险公司,最好选择能为客户量身打造人性化产品的保险公司。

3. 售后服务

选择保险公司时,要从两个方面注意其服务质量:一是从保险公司代理人那里所能获得的服务;二是从保险公司那里所能获得的服务;能否提供便捷的售后服务是选择保险公司的关键。保险公司服务质量的高低直接决定了投保人在理赔时获得的权益,所以咨询、预约、报案、投诉、救援和回访等多种服务项目质量的好坏也是选择保险公司时需要考虑的。很多客户投保时往往比较倾向于选择老牌公司,而根据市场情况显示,许多新兴公司往往更注重品牌建设与服务品质。

同时,由于汽车是流动性风险,当车辆在异地出险时,只有在全国各地均建立服务网络的保险公司才能实现全国通赔,这样可为客户省去不少麻烦,理赔方便快捷。

4. 保险公司的规模

规模大的保险公司已经建立了比较完善的理赔网络,拥有较成熟的理赔队伍,因此能在客户出险时,保证在较短时间内赶到事故现场为客户提供服务。但需注意的是,规模大的保险公司虽然市场知名度高,但不一定其信誉就好,且一般保费较高。

二、任务实施

(一)任务目标

(1)能够运用所学知识,结合客户实际情况,为客户讲解选择保险公司的标准,完成选择保险公司特征分析报告(表3-10)。

(2)能够灵活运用所学知识,从选择保险公司标准方法着手,帮助客户正确选择保险公司。

(二)准备工作

实训用车辆、选择保险公司特征分析报告。

(三)工作内容

运用所学知识,结合张女士的实际情况,为其选择适合的保险公司,完成选择保险公司特征分析报告的填写。

考核要点：

(1) 能否帮助张女士充分分析选择保险公司的需考虑的因素。

(2) 能否为张女士正确清楚地介绍选择保险公司的标准。

(3) 能否帮助张女士正确合理选择保险公司，并说出理由。

选择保险公司特征分析报告　　　　　　　　　　　　　表3-10

分析客户用车情况：

1. _____
2. _____
3. _____
4. _____
5. _____

选择保险公司的标准	选择保险公司的特征
1.	1.
2.	2.
3.	3.
4.	4.
5.	5.

最终选择的保险公司：

选择的理由：
_____
_____
_____

三、评价反馈

1. 自我评价

(1) 对本次学习任务的学习，你能很好地理解吗？
_____

(2) 你能说出选择保险公司时需要考虑的因素吗？
_____

(3) 你能独立完成对客户选择保险公司的解释工作吗？
_____

2. 小组评价

(1) 你们小组在完成任务过程中遇到困难并很好地解决了吗？
_____

(2) 你们小组在完成任务过程中有明确的分工吗？
_____

(3)你们小组在完成任务过程中组员都积极参与、相互配合吗?
_____

3.教师评价
(1)小组综合表现:
_____

(2)优势:
_____

(3)待提升之处:
_____

四、学习拓展

王先生的车辆保险到期需要续保。他由于工作调动离开原居住地到了外省,车辆除了上下班代步外,还经常往返两地回家探亲,节假日也要带家人外出自驾游。请你为王先生选择适合的保险公司,并向其就选择理由进行解释说明,让王先生能很好地理解。

子任务4　制订汽车保险投保方案

一、知识准备

投保方案的设计不是一蹴而就的,要有一定的顺序,具体投保方案设计流程如图3-9所示。

图3-9　投保方案设计流程图

(一)确定保险需求

根据车辆自身以及车辆使用的特点,量身打造投保组合,才能提供足够的保障,因此投保人在投保前,要先确定保险需求。

1.车辆本身的特点

车主确定保险需求时要结合车辆自身的特点。例如,某车系的车级别不高;新上市的车型和保有量较小车型维修成本较高;车龄较长的车因长期使用,电路老化,自燃风险较大等。

2.个人用车习惯

考虑车主驾车是否遵守交通规则,会不会经常并线、超车,或者酒后驾车;平时是否注意车辆的保养、修理,车况不佳的车辆发生交通事故的风险会增加。还有考虑车辆的用途是什么,仅用于上下班代步的车辆,发生事故的风险要小于常常外出自驾游的车辆。良好的用车习惯可以降低风险,减少事故的发生,从而节省保险费。

3. 停车区域

停放在小区收费的固定车位的车辆丢失及被划伤的可能性较小。停放在无人看管的停车场,发生车上被划伤的可能性较大。

4. 车主需要转嫁的风险

由于存在发生车辆或者车辆使用给他人造成损失的风险,车主应该考虑哪些风险本人比较难以承担,需要去转嫁这个风险,以及能够承受多少转嫁成本。车主根据本人的风险承受能力,在综合转嫁风险需要支出的费用,最后确定需要投保哪些险种、保险金额和责任限额等问题。

(二) 选择保险公司和购买渠道

(1) 选择适合自己的保险公司。

(2) 结合自身的实际情况,选择适合自己的投保途径。

(三) 选择合适的险种

目前,我国机动车保险分为两大类,即机动车交通事故责任强制保险(简称交强险)和机动车商业险(简称商业险)。交强险是强制投保的,而商业险则是可自由选择投保。车主可根据自身的风险特征,如车辆通途、驾驶习惯等,选择个人所需的商业险。

如果能保的险种全部保齐,那么被保险人得到的保障就最全面。但投保的险种越多,所需的保险费也越多。因此,为了兼顾经济型,车主在投保时要结合自身的需要,选择部分需要的险种投保,以达到花最少的钱买到最大的保障的目的。常用险种选择时应考虑的因素见表3-11。

常用险种选择时需考虑的因素　　　　　　　　表3-11

险　种	需考虑的因素
1.机动车损失险	汽车保险中最主要的商业险种,也是主险之一。如果不投保,自己的车辆发生的碰撞、擦剐等事故损失就要由车主自己承担
2.机动车第三者责任险	建议所有车主投保。因为车辆一旦发生事故致使车下的第三者遭受人身伤亡或财产损失,车主有赔偿责任,尤其是人身伤亡的赔偿金额往往数额巨大,靠交强险赔偿远远不够
3.机动车全车盗抢险	主要考虑自身车辆有无固定的停车地点、行驶区域、车辆的防盗技术水平和本地区的治安状况
4.机动车车上人员责任险	主要考虑驾驶人是车主还是不固定人员,乘客是家庭成员还是不固定成员、车主及家人是否购买了意外险等
5.不计免赔特约险	不计免赔的保障范围大,费率适中,投保率高,适合所有车辆,尤其是适合新手
6.车身划痕险	主要考虑驾驶人的技术、是新车还是旧车、当地的治安水平、有无固定停车地点
7.玻璃单独破碎险	主要考虑车辆是高档车还是低档车、车辆行驶的区域路面状况如何、停车地的治安水平及人员的素质
8.自燃损失险	主要考虑车辆使用性质、车辆电路是否做了大的改动、车辆的使用年限等
9.新增设备损失险	主要考虑车主是否对自己的车辆进行过加装或改装过设备及设施

(四) 确定险种组合方案

车主可以结合自身需求,确定险种组合;也可以参照最低保障方案、基本保障方案、经济

学习任务三　制订汽车保险投保方案

保障方案、最佳保障方案、完全保障方案来确定哪个符合自己要求。

1. 最低保障方案

最低保障方案见表3-12，但随着目前经济水平的发展和人们保险意识的增强，很少有车主只投保最低保障方案。

最低保障方案　　　　　　　　　　　　　　　　　　　　　表3-12

险种组合	交强险
保障范围	只对第三者的损失负赔偿责任
适用对象	急于上牌或者通过年检的车主。适用于那些怀有侥幸心理、认为保险没有的车主或急于拿保险单去上牌照或验车的车主
缺点	一旦撞车或撞人，对方的损失能得到保险公司的一些赔偿，但是自己的损失只能自己承担，保障较小

2. 基本保障方案

基本保障方案见表3-13。

基本保障方案　　　　　　　　　　　　　　　　　　　　　表3-13

险种组合	交强险+机动车损失险+机动车第三者责任险
保障范围	只投保基本险，不投保任何附加险种
适用对象	经济条件不是特别宽裕的个人或单位
缺点	不是最佳组合，至少加入不计免赔特约险

3. 经济保险方案

经济保障方案见表3-14。

经济保障方案　　　　　　　　　　　　　　　　　　　　　表3-14

险种组合	交强险+机动车损失险+机动车第三者责任险+机动车全车盗抢险+不计免赔特约险
适用对象	会精打细算，注重经济性的个人
缺点	仍不是最佳组合，不能得到全面保障

4. 最佳保障方案

最佳保障方案见表3-15。

最佳保障方案　　　　　　　　　　　　　　　　　　　　　表3-15

险种组合	交强险+机动车损失险+机动车第三者责任险+机动车车上人员责任险+玻璃单独破碎险+机动车全车盗抢险+不计免赔特约险
适用对象	经济较宽裕的公司或个人
缺点	不是最全面的组合，不能得到最全面的保障

5. 完全保障方案

完全保障方案见表3-16。

完全保障方案 表3-16

险种组合	交强险+机动车损失险+机动车第三者责任险+机动车车上人员责任险+玻璃单独破碎险+新增设备损失险+自燃损失险+机动车全车盗抢险+不计免赔特约险
适用对象	经济较宽裕、保险意识较强的公司或个人
缺点	投保全险的保费较高,某些险种出险的概率非常小

二、任务实施

(一)任务目标

(1)能够通过自己的理解,为客户解释投保方案设计的流程,让客户能很好地理解。

(2)能够灵活运用所学知识,结合客户实际情况,从投保流程着手,帮助客户正确制订合理投保方案。

(二)准备工作

实训用车辆、投保方案分析报告、A4纸。

(三)工作内容

运用所学知识,结合张女士的实际情况,按照投保方案设计流程,为张女士选择合适的投保险种组合方案,完成"投保方案分析报告"的填写(表3-17)。

投保方案分析报告 表3-17

投保流程	
客户用车情况	
推荐购买险种	
投保险种组合方案	
推荐理由	
客户意见	

考核要点:

(1)能否让张女士充分了解设计投保方案的流程。

(2)能否为张女士清楚地介绍商业险中主要险种选择时应考虑的因素。

(3)能否结合客户实际情况,帮助张女士选择合理投保组合方案,并说出理由。

三、评价反馈

1. 自我评价

(1)你能说出商业险的主要险种选择时需考虑的因素吗?

___

(2)你能说出投保方案的流程吗?

___

(3)你能独立完成客户制订保险方案的任务吗?

___

2. 小组评价

(1)你们小组在完成任务时是先制订计划再实施任务吗？

_____

(2)你们小组在完成任务过程中组员都积极参与、相互配合吗？

_____

(3)你们小组顺利完成了本次任务吗？或在完成任务过程中遇到困难但积极寻求解决办法了吗？

_____

3. 教师评价

(1)小组综合表现：

_____

(2)优势：

_____

(3)待提升之处：

_____

四、学习拓展

王先生打电话向你咨询保险，他提到他已接到两个保险业务员的保费报价，但他们的险种不一样，保费也有差距，于是王先生不知道自己该选择哪些险种。请你与王先生进行良好的沟通，为他解释清楚险种及价格的差异，为其选择适合的险种组合方案进行投保。

学习任务四　汽车保险承保

学习目标

1. 能够理解最大诚信原则的内容并能灵活运用；
2. 能够知道保险利益原则的要求，能判断是否符合保险利益原则；
3. 能够理解并能说出汽车保险承保的流程；
4. 能够了解承保受理业务的内容，并能清楚地为客户进行解释；
5. 能够理解汽车保险合同的含义及内容，能与客户进行良好沟通，清楚地解释说明；
6. 能够了解汽车保险合同的主体、客体、内容；
7. 能够理解汽车保险合同的变更、终止。

学习内容

1. 投保人与保险人应遵循的最大诚信原则；
2. 投保人应遵循的保险利益原则；
3. 汽车保险投保承保流程；
4. 汽车保险承保业务的内容；
5. 汽车保险合同主体、客体和内容；
6. 汽车保险合同的变更；
7. 汽车保险合同的终止。

建议学时：18 学时。

 任务描述

客户宋女士于 2018 年 9 月 12 日从张先生处购买了汽车，并办理了汽车过户手续，该车由张先生在某保险公司投保。保险期限内该车两次出险，宋女士均拿张先生身份证办理了保险赔偿事宜。2019 年 4 月 8 日，该车再次出险，保险公司接受索赔申请后，以宋女士未办理被保险人变更手续为由拒绝赔偿。宋女士对投保的要求不懂，不明白为什么保险公司拒绝赔偿，同时该车辆保险即将到期，宋女士需要为该车办理保险业务，但她对保险承保相关内容并不了解。你作为一名汽车保险承保人员，请你为宋女士作出专业合理的解释，帮助其完成保险承保业务。

 **任务分析**

宋女士认为保险公司前两次事故办理赔偿事宜时,已经知道车主变更的事实,虽然没有对保险合同进行书面变更,但前几次保险公司的赔偿行为已表明双方存在事实上的保险合同关系,面对宋女士的疑惑,作为一名汽车保险销售人员怎么样向被保险人进行解释并完成保险合同的更改,以消除疑惑。同时由于宋女士需办理车辆保险,你作为汽车保险承保人员要告知其投保时必须遵守的相关原则,并且对承保流程及注意事项进行解释。

子任务1 汽车保险投保

一、知识准备

(一)投保人的资格条件

汽车保险投保是指投保人就标的车辆向保险人提出请求签订机动车保险合同的意愿。在投保人申请投保后,保险人要受理投保业务。投保人需具备以下条件:

(1)必须具有民事权利能力和民事行为能力。
(2)人身保险还要求对保险标的具有保险利益。
(3)必须具有支付保费的能力。

(二)最大诚信原则

任何一项民事活动中各方当事人都应遵循诚信原则,诚信原则是世界各国立法对民事、商事活动的基本要求。保险经营活动中信息的不对称,要求当事人具有"最大诚信",保险人和投保人均应遵循最大诚信原则。

1.最大诚信原则的含义

任何一项民事活动都要求当事人应当遵循诚信原则,而在保险活动中,对当事人的诚信要求比一般的民事活动更高,因此被称为最大诚信原则。

最大诚信原则的含义:保险合同当事人订立合同及在合同有效期内,应依法向对方提供足以影响对方作出订约与履约决定的全部实质性重要事实,同时绝对信守合同订立的约定与承诺。否则,受到损害的一方,按民事立法规定可以此为由宣布合同无效,或解除合同,或不履行合同约定的义务或者责任,甚至对因此受到的损害还可要求对方予以赔偿。

2.最大诚信原则的内容

最大诚信原则的内容包括:告知、保证、说明、保证、弃权和禁止抗辩。

1)告知

最大诚信原则要求投保人如实地履行告知义务。在合同订立时、标的的危险程度显著增加时、标的转让时、重复保险时和事故发生时的告知义务。

告知的方式分为无限告知和询问告知两种。采用无限告知的方式时,只要事实上与保险标的有关的任何重要事项,不论保险人是否询问,投保人都有告知义务。

我国《中华人民共和国保险法》(以下简称《保险法》)规定:订立保险合同,保险人就保险标的或者被保险人的有关情况提出询问的,投保人应当如实告知。

明确了保险人所询问的事项为重要事项,对询问以外的事项,投保人或者被保险人不必告知,此种方式即询问告知。我国汽车保险实务中一般以投保单为限,即投保单中询问的内容,投保人必须如实填写,告知的内容通常包括车辆情况、使用情况、驾驶人情况等,除此之外,投保人不必告知。

《保险法》第十六条规定:投保人故意或者因重大过失未履行前款规定的如实告知义务,足以影响保险人决定是否同意承保或者提高保险费率,保险人有权解除合同。

投保人故意不履行如实告知义务的,保险人对于合同解除前发生的保险事故,不承担赔偿或者给付保险金的责任,并不退还保险费。

投保人因重大过失未履行如实告知义务,对保险事故的发生有严重影响的,保险人对于合同解除前发生的保险事故,不承担赔偿或者给付保险金的责任,但应当退还保险费。

保险人在合同订立时已经知道投保人未如实告知的,保险人不得解除合同;如发生保险事故,保险人应当承担赔偿或者给付保险金的责任。

2)说明

最大诚信原则要求保险人认真地履行说明义务。保险人格式条款的提醒义务是保险最大诚信原则的要求。保险人应当就保险合同利害关系条款,特别是免责条款向投保人明确说明。保险人的说明义务是由保险合同的性质决定的。保险合同为附和合同,其内容由保险人单方拟订,而投保人或被保险人几乎没有参与的机会,只能对保险条款表示同意与不同意,也无修改的权利,投保人在订立保险合同时处于弱势地位。同时,保险条款集专业性、技术性及科学性为一体,未经专门研究和学习是难以理解的。合同既然是双方当事人意思表示一致的结果,如果一方不明白合同内容就作出承诺,应视为合同当事人意见未达成一致,未达成合同的条款不能产生法律效力,如果构成重大误解或显失公平,当事人可以请求撤销合同。所以,在订立合同时,保险人应就保险合同的内容向投保人进行明确的说明和必要解释。如果保险人在订立保险合同时,没有就一些条款进行明确的说明和必要的解释,保险人应承担一定的法律后果。

《保险法》第十七条规定:订立保险合同,采用保险人提供的格式条款的,保险人向投保人提供的投保单应当附格式条款,保险人应当向投保人说明合同的内容。对保险合同中免除保险人责任的条款,保险人在订立合同时应当在投保单、保险单或者其他保险凭证上作出足以引起投保人注意的提示,并对该条款的内容以书面或者口头的形式向投保人作出明确说明,未作出提示或者明确说明的,该条款不产生效力。

3)保证

保证是指保险人要求投保人或被保险人对某一事项的作为或不作为或对某种事态的存在或不存在作出许诺。保证义务是指投保人向保险人作出承诺,保证在保险期间遵守作为或不作为的某些规则,或保证某一事项的真实性。保证的内容属于保险合同的重要条款之一。

保证人对事情的作为或不作为所作的承诺。在保险合同中,作为合同生效先决条件的保证,指被保险人承诺不因他的作为或不作为使保险标的的危险程度增加。保证事项一般都是重要事项。例如,配备ABS的汽车发生保险事故的概率有所降低,从而享受较优惠的费率。因此,被保险人应该保证在保修期内被保险车辆 ABS 处于良好状态,否则就是违反了保证。被保险人也不得在驾驶车辆内携带易爆物品,如果携带易爆物品就是违反了保证。

保证是指投保方在签订保险合同时,向保险人保证作为或不作为或者保证某种状态存在或不存在。有时某些声明事项也构成保证。投保人的保证是保险人承保的一个先决条件,也是日后保险合同的一项主要内容。保证的承担主体既包括投保方也包括保险人方面。保证的分类:确认保证(对过去和现在某事已发生或未发生的承诺)与承诺性保证(对将来某事发生或不发生的承诺)。明示保证(一种书面形式的保证,多以特约条款的形式附加于保单之内)与默示保证(在保单上没有文字记载,但根据行业惯例或社会公认,被保险人也应当保证对某事的行为或不行为,最著名的是海运险中的默示保证)。二者的效力是一样的。

保证的内容:保证的任何事项都是重要事实,其严格到已经可能伤及被保险人利益的程度,或者不利于被保险人某种合理预期的实现,因此在保险实践中获法庭在解释上已经开始减轻或者弱化该规则的作用。

保证与告知:保证和告知的一些项目开始相互渗透,其界限也开始日益模糊。如多采用告知而不保证,或者把保证条款作为告知来解释。为了对风险范围限定更严,有时保险公司方面把告知条款与内容上升为或设计为保证和告知都是保险合同的直接的、重要的组成部分。不能因为保证比告知的后果更为严重就贬低告知的作用。

4) 弃权和禁止抗辩

弃权是指保险人放弃法律或者保险合同中规定的某项权利,如拒绝承保的权利、解除保险合同的权利等。构成弃权须具备两个条件:一是保险人必须知悉权利的存在,而知悉权利的存在,原则上要以保险人确切知情为准,如果保险人不知道有违背约定义务的情况以及因此享有的权利,其作为或不作为不能视为弃权;二是保险人必须有明示或者默示弃权的意思表示。保险人弃权的意思表示,可以从其行为中推定。例如,投保人没有按期缴纳保险费,或违背其他约定义务,保险人即获得了解除合同的权利。如果保险人继续收取投保人逾期缴纳的保险费,即足以证明保险人有继续维持合同效力的意思表示,保险人本享有的合同解除权和抗辩权视为抛弃。其他常见的弃权行为包括:保险人明知投保人和被保险人不符合承保条件而接受保险费的;知晓投保人和被保险人违反保险合同后,保险人没有声明保留权利或订立非弃权协议,而要求被保险人提供损失证明的;保险人在理赔过程中延误超过了合理时间的;保险人在知悉存在导致保险合同无效的条件后,仍将保险单送达投保人的。

禁止抗辩也称禁止反言,是指保险合同一方既然已经放弃他在合同中的某种权利,日后也不得在向他方主张这种权利。在保险实践中,禁止抗辩主要约束保险人。当投保人有明显的违约行为时,保险人有权解除保险合同,或者行使其他权利。若保险人放弃这些权利,就是一种弃权行为,以后保险人不能再就此行为主张权利,因保险人受禁止抗辩的限制。

弃权和禁止抗辩一般是针对保险人的权利而言,是对保险人及其代理人的行为进行限制。在相关司法实践中,法院也经常采用弃权和禁止抗辩规则处理保险合同纠纷。

3. 违反最大诚信的处理

依其动机、方式、程度、时间、对象、领域、性质、后果等可相应采取以下一种或数种处置:解除合同;宣布合同无效;追回已赔款项;追索由此造成的其他一些损失或费用;不退还保费;退还全部或部分保费;追究刑事责任;维持原合同;修正或调整原合同(将错就错、附加条款、改动条款或条件、调整费率或保额、今后保证、转换合同、限制合同的其他权益如保单质押贷款及分红权等)。

在财产保险中,保险人已经尽了义务(哪怕并没有实际赔款)而投保方有欠费的且无还款协议的,可以按违反最大诚信处理。保险人可以通过起诉的方式,来讨回保费。但在人身保险中投保方不缴、少缴、迟缴保费却很难按照违反最高诚信原则去处理。虽然在实际上,退保是投保人的一项权利,而没有按时足额缴费构成了事实上的退保,只是寿险单的欠费,不应也不能用诉讼方式去解决。

(三)保险利益原则

1. 保险利益的定义

保险利益是指投保人对保险标的所具有的法律上承认的利益。保险利益原则是指在签订保险合同时或履行保险合同过程中,投保人或被保险人对保险标的必须具有保险利益的规定。

保险利益原则是指在签订并履行保险合同的过程中,投保人对保险标的必须具有保险利益。投保人以不具有保险利益的标的投保,保险人可单方面宣布合同无效;保险合同生效后,投保人失去对保险标的的保险利益,保险合同随之失效(人身保险合同除外);保险标的发生保险责任事故,只有对该标的具有保险利益的人才有索赔资格,但是所得到的赔偿或给付的保险金不得超过其保险利益额度,不得因保险而获得额外利益。

2. 保险利益的构成要件

1)保险利益必须是合法的利益

投保人或者被保险人对保险标的所具有的利益要为法律所承认,只有在法律上可以主张的合法利益才能受到国家法律的保护,因此,保险利益必须是符合法律规定的、符合社会公共秩序、为法律所认可并受到法律保护的利益,如为赃车或为毒品投保,则保险合同无效。

2)保险利益应为经济上有价的利益

保险保障是通过货币形式的经济补偿或给付来实现的,如果投保人或被保险人的利益不能用货币来反映,则保险人的承保和补偿就难以进行。因此,投保人对保险标的的保险利益在数量上应该可以用货币来计量,无法定量的利益不能成为可保利益。在财产保险中,保险利益一般可以精确计算。在人身保险中,保险利益有一定的特殊性,因为人的生命和健康都是无价的,所以只要求投保人与被保险人具有利害关系,就认为投保人对被保险人具有保险利益。

3)保险利益应为确定的利益

投保人或被保险人对保险标的利益应在客观上或事实上已经存在或可以确定,这种利益可以用货币形式估价,而且是客观存在的利益,不是当事人主观臆断的利益。这种客观存在的确定利益包括现有利益和期待利益,其中,期待利益是指在客观上或事实上尚未存在,但根据法律、法规、有效合同的约定等可以确定的将来某一时期内将会产生的经济利益,但在索赔时期待利益必须已成为现实利益时才属于索赔范围。

4)保险利益应为具有利害关系的利益

这里的利害关系是指保险标的的安全与损害直接关系到投保人的切身经济利益。而投保人与保险标的之间不存在利害关系时是不能签订保险合同的。

3. 保险利益原则在汽车保险实务中的应用

从保险利益角度出发,机动车辆主要有下列的保险利益关系,如图4-1所示。

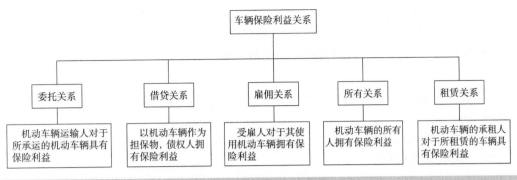

图 4-1 车辆保险利益关系

《保险法》规定:保险事故发生时,被保险人对保险标的不具有保险利益的,不得向保险人请求保险赔偿金。即发生事故时有保险利益才可以索赔,没有保险利益就不能索赔。

二、任务实施

(一)任务目标

(1)能够通过自己的理解,与客户进行良好有效的沟通,为客户解释最大诚信原则与保险利益原则在汽车保险中的应用。

(2)能够运用所学知识,结合客户实际情况,完成"交强险应知表"(表4-1)和投保人投保时应提供的资料清单(表4-2)的填写。

交强险应知表 表 4-1

交强险和商业险对保险人遵循最大诚信原则要求的共同规定	交强险要求保险人应重点告知的内容
交强险和商业险对保险人遵循最大诚信原则要求的共同规定	交强险要求保险人应重点告知的内容

投保人投保时应提供的资料清单 表 4-2

新保业务需要提供的资料	续保业务需要提供的资料

(二)准备工作

实训用车辆、"交强险应知表"、投保人投保时应提供的资料清单。

(三)工作内容

运用所学知识,结合客户实际情况,为客户讲解最大诚信原则和保险利益原则,完成"交强险应知表"和投保人投保时应提供的资料清单的填写。

考核要点:

(1)能否完成"交强险应知表",让客户清楚承保中最大诚信原则和保险利益原则对保险人的要求有哪些。

(2)能否正确完成投保人投保时应提供的资料清单,并为客户进行正确解释,沟通过程中体现专业性,注重礼仪。

三、评价反馈

1. 自我评价

(1)你能说最大诚信原则的含义吗?
_____

(2)你能说出保险利益原则的内容吗?
_____

(3)你能在保险实务中灵活运用两个原则吗?
_____

2. 小组评价

(1)你们小组在完成任务过程中有明确的分工吗?
_____

(2)你们小组在完成任务过程中组员都积极参与、相互配合吗?
_____

(3)你们小组在完成任务过程中体现了专业性,注重礼仪,并锻炼了沟通表达能力吗?
_____

3. 教师评价

(1)小组综合表现:
_____

(2)优势:
_____

(3)待提升之处:
_____

四、学习拓展

宋女士通过你的解释大概了解了投保的相关内容,但在她决定投保时,对一些特殊规定产生了疑虑,她仍然不是很清楚相关规定,你能把投保中关于交强险和商业险的特殊规定向宋女士进行解释,打消她的疑虑吗?

子任务2 汽车保险承保流程

一、知识准备

(一)承保的含义

汽车保险承保是签订保险合同的过程,即投保人和保险公司双方通过协商,对保险合同的内容取得一致意见的过程。从广义上讲,承保包括保险的全过程;从狭义上讲,保险承保就是指当投保人提出投保申请,保险人经审核其投保内容后,认为其符合承保条件,同意接受投保人的申请,并承担保险合同规定的保险责任的过程。

(二)承保的意义

如果承保工作不到位,将使劣质标的被保险公司接受,会导致高出险率,从而增加保险公司理赔工作量,使保险公司的管理投入加大,经营成本攀升。对保险公司来说,承保管理比理赔管理更为重要。

(1)避免劣质标的投保,使保险理赔处于主动地位。

(2)减少保险公司的管理、经营成本。

(三)承保的流程

汽车保险是通过承保、收取保费、建立保险基金进行的。保险公司雄厚的保险基金的建立和给付能力的加强,有赖于高质量的业务承保。因此,业务承保是汽车保险经营中的首要问题。汽车保险承保工作的具体流程包括以下步骤(图4-2):

(1)承保人员向投保人介绍条款、履行明确说明的义务。

(2)承保人员协助投保人计算保险费、制订保险方案。

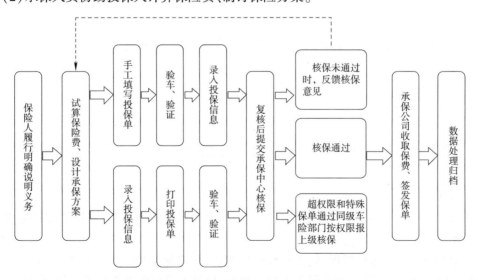

图4-2　汽车保险承保流程

(3)承保人员提醒投保人履行如实告知的义务。

(4)投保人填写投保单。

(5)承保人员验车、验证,确保保险标的的真实性。

(6)承保人员将投保信息录入业务系统,复核后通过业务系统提交给核保人员核保。

(7)核保人员根据公司的核保规定,并通过业务系统将核保意见反馈给承保公司。核保通过后,业务人员收取保费、出具保险单,若需要送单,则由送单人员递送保险单及相关单证。

(8)承保完成后,在系统进行数据处理,并对相关保险单证整理归档。

(四)承保的内容及基本要求

1.填写投保单

(1)投保人信息。

①名称。投保人为个人的填写姓名,要求与有效身份证明一致;投保人为单位的应填写单位全称,要求与公章名称一致。

②地址和邮编。投保人为个人的填写常住地址;投保人为单位的填写主要办事处所在地地址。

③联系方式。投保人为个人需注明联系人姓名和电话;投保人为单位的需注明联系人姓名并填写其常用的联系电话。

(2)被保险人信息。原则上被保险人名称应与行驶证上的车主一致,若不一致的,则应在投保单特别约定栏内注明。

(3)投保车辆信息。包含行驶证车主、号牌号码、车辆厂牌型号、发动机号、车架号、车身颜色、车辆种类、排量/功率、核定座位/核定吨位、使用性质、初次登记日期、新车购置价、已使用年限、年平均行驶里程、上年赔款次数(或赔款金额)、上年交通违章记录、行驶区域等。

(4)驾驶人信息。指定驾驶人的应填写指定驾驶人的姓名、性别、年龄、驾驶证号、准驾车型、初次领证日期等。

(5)保险期间。

(6)投保的险种。

(7)保险费及特别约定。

(8)合同争议解决方式。根据需要选择诉讼或仲裁,如果选择仲裁的必须填写约定的仲裁委员会的名称。

2.核保

核保是保险公司的专业核保人员对投保申请进行风险审核与风险评估,以决定是否接受投保和以何条件投保的过程。

核保的内容包括审核投保单、查验证件与车辆、核定保险费率等。审查的项目有:投保人或被保险人资格、投保人或被保险人基本情况、投保人或被保险人信誉、保险金额、保险费和附加条款。

提高承保质量、保持经营稳定、追求经济效益是商业保险公司的要点。只承保那些"只收取保费",不必履行给付义务的保险不是保险企业经营的宗旨。保险业务的选择及对保险业务进行核保的目的是使保险人在承包危险责任的时候能够处于主动、有利的位置。所以,核保对于汽车保险业务来说是至关重要的环节。

3. 作出承保决策

保险承保人员对通过一定途径收集的核保信息资料加以整理,并对这些信息经过承保选择和承保控制后,作出以下承保决策:

(1) 正常承保。对于属于标准分析类别的保险标的,保险公司按标准费率予以承保。

(2) 优惠承保。对于属于优质风险类别的保险标的,保险公司按低于标准费率的优惠费率予以承保。

(3) 有条件承保。对于低于正常承保标准但又不构成拒保条件的保险标的,保险公司通过增加限制性条件或加收附加保费的方式予以承保。

(4) 拒保。如果投保人的投保条件明显低于保险人的承保标准,保险人就会拒绝承保。对于拒绝承保的保险标的,保险人要及时向投保人发出拒保通知。

4. 收取保费,出具保单

交付保险费是投保人的基本义务,向投保人及时足额收取保险费是保险承保中的一个重要环节。为了防止保险事故发生后的纠纷,在签订的保险合同中要对保险费缴纳的相关事宜予以明确,包括保险费的金额、交付时间以及未按时交费的责任。

承保人作出承保决策后,对于同意承保的投保申请,由签单人员缮制保险单或保险凭证,并及时送达投保人手中。

二、任务实施

(一) 任务目标

(1) 能够说出核保流程,并通过自己的理解,为宋女士介绍讲解核保流程。

(2) 能够通过与客户进行良好的沟通,全面收集客户的个人信息及车辆信息。

(3) 能够运用所学知识,结合收集到的信息,完成"投保信息卡"(表4-3)的填写。

(二) 准备工作

实训用车辆、A4纸、"投保信息卡"。

(三) 工作内容

运用所学知识,结合客户实际情况,为客户讲解汽车保险承保业务的流程;正确且全面地收集投保所需的相关信息,完成汽车保险投保单卡。

考核要点:

(1) 能否为宋女士正确讲解核保流程,帮助客户了解核保工作的流程。

(2) 能否全面且准确地收集投保所需的客户个人信息和用车信息。

(3) 能否正确地完成汽车保险投保信息卡的填写。

投 保 信 息 卡　　　　　　　表 4-3

投保人信息	名称：	
	地址和邮编：	
	联系方式：	
被保险人信息		
投保车辆信息	行驶证车主：	
	号牌号码：	
	厂牌型号：	
	发动机号：	
	车架号：	
	车身颜色：	
	使用性质：	
	初次登记日期：	
	新车购置价：	
	使用年限：	
	年平均行驶里程：	
	上年赔款次数：	
	上年交通违章次数：	
	行驶区域：	
驾驶人信息		
保险期限		
投保险种		
保险费		
争议解决方式		

三、评价反馈

1. 自我评价

(1) 你能说出汽车保险的承保业务流程吗？

(2) 你能说出汽车保险承保的内容吗？

(3) 你能说出汽车保险承保的基本要求吗？

(4) 你能全面地收集投保所需的客户个人信息及车辆信息吗？

2. 小组评价

(1) 你们小组在接到任务之后就如何完成任务制订明确的计划吗?
_____

(2) 你们小组在完成任务过程中有明确的分工或分配角色吗?
_____

(3) 你们小组在完成任务过程中组员都积极参与、相互配合吗?
_____

(4) 你们小组在完成任务过程中存在困难,且通过努力能很好地解决吗?
_____

3. 教师评价

(1) 小组综合表现:
_____

(2) 优势:
_____

(3) 待提升之处:
_____

四、学习拓展

宋女士通过你的讲解了解了投保的全过程,但是作为投保人,她想全面地了解承保过程中的所有环节,以及注意事项。你作为一名专业的保险承保人员,请你与客户进行良好沟通,了解客户疑虑,针对客户所关心的问题进行合理解释,并按要求独立完成承保的全过程。

子任务3 汽车保险合同的变更与终止

一、知识准备

(一) 汽车保险合同的订立

合同是平等主体的自然人、法人、其他组织之间设立、变更、终止民事权利义务关系的协议。汽车保险合同是经营汽车保险业务的保险人与汽车投保人约定保险权利义务关系的协议。汽车保险合同适用于《保险法》《中华人民共和国道路交通安全法》《交强险实施条例》《中华人民共和国民法通则》《中华人民共和国合同法》。

保险合同的订立是指投保人与保险公司之间基于意思一致而进行的法律行为。保险合同与其他合同一样,其订立过程往往是一个反复协商的过程,最终达成协议。

(二) 汽车保险合同的主体、客体和内容

1. 主体

主体是指具有权利能力和行为能力的保险关系双方。主要由当事人、关系人、中介人三方面构成。

1) 汽车保险合同的当事人

(1)投保人是指与保险人订立汽车保险合同,并按照保险合同负有支付保险费义务的人。按我国法律规定投保人必须符合以下条件:

①具有权利能力和行为能力的自然人或法人。

②对汽车具有利害关系,存在可保利益。

③有缴纳保险费的能力。

(2)汽车保险投保人应履行的义务:

①投保人应如实填写投保单并回答保险人提出的询问,履行如实告知的义务。

②除另有约定外,投保人应当在保险合同成立时一次足额支付保险费;保险费付清前发生的保险事故,保险人不承担赔偿责任。

③发生保险事故时,被保险人应当及时采取合理的、必要的施救和保护措施,防止或减少损失,并在保险事故发生后 48h 内通知保险人。

④发生保险事故后,被保险人应当积极协助保险人进行现场查勘。

⑤投保人有义务协助保险人向第三方代位追偿。

(3)保险人是指与投保人订立汽车保险合同,对于合同约定的可能发生的事故因其发生造成汽车本身损失及其他损失承担赔偿责任的财产保险公司。按我国法律规定保险人必须符合以下条件:

①保险人要具备法定资格。

②保险人须以自己的名义订立保险合同。

③保险人须依照保险合同承担保险责任。

(4)保险人应履行的义务:

①承担赔偿或给付保险金的义务。

②说明合同内容的义务。

③及时签单的义务。

④为投保人或被保险人保密的义务。

(5)保险人的权利:

①决定是否承保;

②收取保费;

③有权要求投保人履行如实告知义务;

④有权代位追偿、处理赔偿后的损余物资。

2)汽车保险合同的关系人

汽车保险合同的关系人是被保险人。被保险人是指其财产或人身受汽车保险合同保障,享有保险金请求权的人。投保人与被保险人的关系:

(1)投保人与被保险人是同一人。

(2)投保人与被保险人不是同一人。

3)汽车保险合同的中介人

中介人在汽车保险合同成立及其理赔过程中存在的社会中介组织。中介人主要有以下几种:

(1)汽车保险代理人,指根据保险人的委托,在保险人授权的范围内代办汽车保险业务的单位或个人。通常可分为专业保险代理人、兼业保险代理人和个人保险代理人。

(2)汽车保险经纪人,是指基于投保人的利益,为投保人与保险人订立汽车保险合同或与汽车有关的人身保险合同提供中介服务,并依法收取佣金的单位或个人。

(3)汽车保险公估人指接受汽车保险人、投保人或被保险人的委托,办理汽车保险标的的勘查、鉴定、估损及赔款的理算,并向委托人收取佣金的单位或个人。

2.客体

汽车保险合同的客体指保险合同当事人双方权利和义务所共同指向的对象。

(1)汽车保险合同的客体不是保险标的本身。

(2)汽车保险合同的客体是投保人或被保险人对保险标的所具有的合法的经济利害关系,即保险利益,也称可保利益。

3.汽车保险合同的内容

汽车保险合同的内容主要用来规定保险双方当事人所享有的权利和承担的义务,它通过保险条款使这种权利义务具体化。包括基本条款和附加条款(约定条款),基本条款是汽车保险合同中不可缺少的条款,没有基本条款也就没有汽车保险合同;附加条款是应投保人的要求而增加承保危险的条款,相当于扩大了承保范围,满足部分投保人的特殊要求。

汽车保险合同的基本事项包括:当事人的姓名和住所、保险标的、保险责任、责任免除、保险期限和保险责任开始时间、保险人、投保人及被保险人的义务、保险金额、保险费、保险金赔偿方法、违约责任和争议处理、订立合同的日期。

(三)汽车保险合同的变更

汽车保险合同的变更是指在保险期限届满之前,当事人根据主客观情况的变化,依照法律规定的程序,对保险合同的某些条款和事项进行修改或补充。我国《保险法》明确规定:"在保险合同有效期内,投保人和保险人经协商同意,可以变更保险合同的有关内容。变更保险合同的,应当由保险人在原保险单或其他保险凭证上批注或者附贴批单,或者由投保人和保险人订立变更的书面协议。"汽车保险合同的变更事项如图4-3所示。

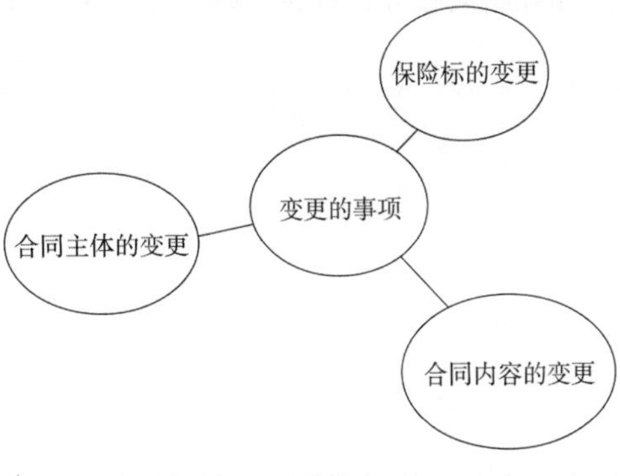

变更程序:

(1)投保人向保险人及时告知财产保险合同内容变更的情况。

(2)保险人进行审核,若需增加保险费,则投保人应按规定补缴,若需减少保险费,则投保人可向保险人提出要求,无论保险费变动与否,均要求当事人取得一致意见。

(3)保险人签发批单或附加条款。

图4-3 变更事项

(四)汽车保险合同的终止

保险合同的终止,是指保险合同确立的当事人之间的权利和义务关系的结束,即保险关系的完全消灭,是保险合同发展的最终状态。导致保险合同终止的主要原因如下:

(1)期限届满而终止。指因保险合同期限届满而终止,也称之为自然终止。这是保险合同终止的最普遍、最基本的原因。

(2)义务已经履行完毕而终止。保险人已经履行赔偿或给付全部保险金义务后,如无特别约定,即使保险期限尚未届满,保险合同即告终止。

(3)因合同主体行使终止权而终止。合同主体在合同履行期间,遇有某种特定情况,享有终止合同的权利,无须征得对方的同意。

(4)因保险标的全部灭失而终止。由于非保险事故发生,造成保险标的灭失,保险标的已实际不存在,保险合同自然终止。

(5)因解除而终止。解除终止是指在保险合同有效期尚未届满前,合同一方当事人依照法律或约定解除原有的法律关系,提前终止保险合同效力的法律行为。

我国《保险法》规定保险人解除财产保险合同的条件:

(1)投保人、被保险人或者受益人违背诚实信用原则。

(2)投保人、被保险人未履行合同义务。在财产保险合同中,违反标的的安全维护义务。

(3)在保险合同有效期内,违反保险标的的危险增加的通知义务,保险人可要求增加保险费,或者在考虑其承保能力的情况下解除合同。

(4)保险标的发生部分损失的,除保险合同另有约定外,保险人赔偿后30日内可终止合同,但应提前15日通知投保人,并将保险标的未损失部分的保费,扣除保险责任开始日至终止日应收部分后,退还投保人。

二、任务实施

(一)任务目标

(1)能够根据宋女士的情况,为其提供保险合同的变更服务,并向客户作出专业且清楚地解释说明。

(2)能够运用所学知识,结合客户实际情况,完成汽车保险合同的变更工作,模拟保险批单的内容,按要求完成"保险批单信息卡"(表4-4)的填写等。

保险批单信息卡   表4-4

变更事项	变更原因
1.	
2.	
3.	
4.	
5.	

(二)准备工作

A4纸、"保险批单信息卡"等。

(三)工作内容

角色扮演:一名同学扮演宋女士,一名同学扮演保险公司工作人员;

(1)保险人员与客户进行良好有效的沟通,了解客户需要变更保险合同的原因及事项。

(2)向宋女士介绍保险合同变更事项,并解答宋女士的疑惑。

(3)模拟保险批单的内容,按要求完成"保险批单信息卡"的填写。

考核要点:

(1)能否与客户进行良好有效的沟通,全面地了解客户变更保险合同的原因及需要变更的事项。

(2)能否对客户保险合同的变更事项进行解释,清楚地为客户解释保险合同变更程序。

(3)能否按照批单的要求,正确规范地填写"保险批单信息卡"。

三、评价反馈

1. 自我评价

(1)对本次学习任务的学习效果,你自己是否满意?

_____

(2)你能说出汽车保险合同的含义及内容吗?

_____

(3)你能说出汽车保险合同的变更程序吗?

_____

(4)你能说出汽车保险合同终止的原因吗?

_____

2. 小组评价

(1)你们小组在实施任务前有明确的计划及任务分工吗?

_____

(2)你们小组在完成任务过程中按分配的角色进行演练,并且进行了角色互换吗?

_____

(3)你们小组在完成任务过程中组员都积极参与、相互配合吗?

_____

(4)你们小组在完成任务过程中存在困难吗?通过小组共同努力克服并完成任务了吗?

_____

3. 教师评价

(1)小组综合表现:

_____

(2)优势:

_____

(3)待提升之处:

_____

四、学习拓展

宋女士在完成了汽车保险合同的变更后,还是觉得之前车主张先生购买的这份保险合同不太适合她的实际情况,因此宋女士想终止这份保险合同,根据自身情况重新购买保险。请你为客户进行保险合同终止的相关事项及流程的解释说明,并参照汽车保险合同变更任务中的要求,独立完成宋女士的保险合同终止工作。

学习任务五　续保和退保

学习目标

1. 能够熟悉续保和退保的含义；
2. 知道续保时需要提供的资料有哪些，并为客户做好续保预约及提醒工作；
3. 知道续保时需要提供的资料有哪些，并为客户进行良好的说明；
4. 能够理解影响续保的费率因子，并能准确地为客户计算出续保的折扣；
5. 知道无赔付优待的含义；
6. 能叙述无赔付优待的条件有哪些，并能够与客户进行良好有效的沟通，锻炼沟通表达能力和灵活应变能力；
7. 能够通过所学知识，流畅地为客户说明无赔付优待的费率优惠，帮助客户明明白白地购买保险；
8. 能够灵活运用所学知识，按照保险公司的要求完成汽车续保业务。

学习内容

1. 续保的含义；
2. 退保的原因和条件；
3. 办理续保业务需要提供的资料；
4. 退保时需要提供的单证；
5. 影响续保折扣的费率因子；
6. 无赔付优待的含义和条件；
7. 续保的费率优惠。

建议学时：12学时。

任务描述

刘先生的保险即将到期，最近也收到过其他公司发送的保费报价信息的短信。刘先生对报价信息中的费用存在疑虑，他的朋友和他一起买的同款车型，相同车价但保费却比他便宜，他不知道是什么原因造成保费的差异，并且他不知道应该如何办理续保业务。同时他明天准备换一辆新车，想了解保险办理后，如果该车需要出售，保险是否可以退掉。你作为一名专业的汽车保险营销人员，请你为刘先生提供续保服务。

刘先生对于保费的疑虑,正是因为对续保时影响保险费用的决定因素不了解,你应就续保的费率因子及保费折扣为刘先生作出专业合理的解释,并通过为他对比他和他朋友的费率因子,对保费的差别清楚地作出解释,并邀约刘先生到店续保,告知其续保时需要提供的资料有哪些。同时,告知刘先生退保的条件和需要提供的资料清单,让刘先生没有后顾之忧,放心地办理续保业务。

子任务1　汽车保险续保

一、知识准备

(一)续保

1. 续保的含义

所谓续保是指保险期满以后,投保人在同一保险人处重新办理汽车保险的行为(如果保险期满后,投保人在另外的保险人处重新办理汽车保险的行为称为转保)。

注意:汽车保险的期限一般为一年,续保业务一般在保险到期前一个月可以开始办理,目前部分地区由于市场竞争激烈,放宽到提前90天就可办理续保业务。

2. 续保应提供的资料

(1)上一年度的机动车辆保险单。

(2)保险车辆经交通管理部门核发并检验合格的行驶证和车牌号。

(3)缴纳所需的保险费。

注意:续保时的保险金额和保险费要重新确定。

3. 续保折扣

商业险的续保折扣目前主要受三个系数的影响:NCD系数(无赔付优待系数)、自主核保系数和自主渠道系数。

对于客户来说,购买车险产品,最关心的莫过于保费如何浮动,影响车险保费浮动的一个最重要系数是NCD系数,也就是无赔付优惠系数。NCD系数是由保险行业协会平台根据车辆近三年的出险索赔记录返回的系数,主要目的是实行"奖优罚劣",对于出险次数多的车辆增加保费;对于出险次数少的,给予续保优惠。

车险自主核保系数和自主渠道系数是机动车商业保险费率改革后新增的保费折扣系数,由各保险公司根据公司经营情况向保监局报案,据了解每年可报备更改一次。其中,自主核保系数即综合成本率[(赔付成本+经营成本)/保费收入]越低系数可能越低,越高则系数越高。自主渠道系数由保险公司根据车险业务来源渠道区分,现在主要渠道有电网销、车行、专业代理公司、个人代理等,各种渠道的业务综合成本率存在不同。通过上述两个系数,保障公司综合成本不亏损;并且对优劣不同的业务收取不同保费,更公平地对待每个客户。

需要注意的是,目前四川区域各保险公司为了吸引客户办理保险,自主核保系数和自主渠道系数均给出了双 0.65 的优惠。因此,目前来说续保折扣主要受 NCD 系数的影响。

具体的续保保费折扣以四川地区为例,在先后经历了三次商业险保险费率改革后的最新折扣见表 5-1。

续 保 折 扣 表　　　　　　　　　　　　　表 5-1

以往年度索赔记录	NCD 系数	自主核保系数	自主渠道系数	续保折扣
上一年赔款 5 次及以上	2	0.65	0.65	0.8450
上一年赔款 4 次	1.75	0.65	0.65	0.7394
上一年赔款 3 次	1.5	0.65	0.65	0.6338
上一年赔款 2 次	1.25	0.65	0.65	0.5281
上一年赔款 1 次	1	0.65	0.65	0.4225
上年未赔款	0.85	0.65	0.65	0.3591
连续两年未赔款	0.7	0.65	0.65	0.2958
连续三年未赔款	0.6	0.65	0.65	0.2535

注意:上一年赔款超过 5 次的大部分保险公司将不再承保该车辆的商业险。

4. 保险营销人员续保工作流程

(1) 每月 20 日前,在保险内勤处领取下月保险将到期的客户名单,建立保险客户档案表,档案表上应包括上一年保险单号、保险到期日期、被保险人名称、联系方式、上一年赔款情况和业务来源等信息。

(2) 在客户保险到期前 30 天至 90 天与客户取得联系,争取续保业务。

(3) 为客户预估保费,告知续保方案及续保时需要提供的资料,预约办理续保。

(4) 成功办理续保业务。

(二) 无赔付优待

1. 无赔付优待的含义

无赔付优待是指保险车辆上一保险期限内无赔款,续保时可享受因无赔款而减收保险费的优待。无赔付优待是保险人为鼓励安全行驶、减少事故发生所制定的优惠措施。保险标的在保险有效期内没有发生保险事故,保险人根据不同情况给予被保险人相应的优待。

2. 无赔付优待的条件

(1) 无赔付优待是对上一保险年度安全行驶的奖励,因此保险期限必须满一年,中途退保者、保险期限不足一年以及保险期满后脱险的不能享受优惠。在上一年保险期限内,车辆所有权转移,即车辆转卖、转让、赠送他人的,续保时保险公司也不给予无赔款优待。

(2) 保险期限内无赔款。无赔款的条件包括保险车辆投保的所有险种与险别,即车辆同时投保车辆损失险、机动车交通事故责任强制保险及附加险的,只要其中有任何一个险种或险别发生赔款,就不能享受无赔款优待。

(3) 发生事故后到续保时案件未决,不能给予无赔款优待。但事故经交管部门处理后,保险人没有责任,保险公司不需赔款的,则可补给无赔款优待。

(4)按期续保。这一条件包含两层意思:一是享受无赔款优待的时间必须是在投保人办理续保时,绝不能变相用于销售时的"返佣";二是享受无赔款优待的范围必须是续保的险种或险别。上年度投保而本年度未续保的或本年度新投保的,均不得享受无赔款优待。

二、任务实施

(一)任务目标

(1)能够根据续保客户信息建立"续保客户保险档案表"(表5-2),并电话与客户进行良好有效的沟通,争取续保业务。

续保客户保险档案表　　　　　　　　　　　　　　表5-2

续保客户保险档案表			
营销人员:		填表日期:	
上一年保单号:			
车主:			
车牌号:		车架号:	
保险到期日期:			
电话:			
上一年度赔款次数:			
NCD(无赔付优待系数):			
自主核保系数:			
自主渠道系数:			
续保折扣:			
续保需提供的资料:	1.		
	2.		
	3.		

(2)能够根据客户上一年度的赔款情况,为其计算出续保折扣,并告知续保需提供的资料清单。

(3)能够灵活运用所学知识,成功争取续保业务,完成汽车保险续保工作。

(二)准备工作

续保折扣表、"续保客户保险档案表"、A4纸。

(三)工作内容

根据保险内勤提供的续保客户信息建立续保客户档案表,结合客户上一年度赔款情况计算出续保折扣,并与客户刘先生进行良好有效的沟通,争取成功续保。

考核要点:

(1)能否根据保险内勤提供的续保客户信息建立续保客户保险档案表。

(2)能否根据客户上一年度赔款情况计算出续保折扣,并为客户解释清楚影响续保折扣的因素。

(3)能否说出续保需提供的资料,并与客户进行良好有效的沟通,争取成功续保。

三、评价反馈

1. 自我评价

(1)你能说出续保需提供的资料有哪些吗?

_____

(2)你能为客户解释影响续保折扣的三个系数的含义吗?

_____

(3)你能为客户解释无赔付优待的条件吗?

_____

(4)你能与客户进行良好沟通,成功争取续保业务吗?

_____

(5)你能帮助客户计算续保折扣和需缴纳的保险费吗?

_____

2. 小组评价

(1)你们小组在实施任务前对于如何完成任务有明确的计划和步骤吗?

_____

(2)你们小组在完成任务过程中有明确的分工,或者角色分配吗?

_____

(3)你们小组在完成任务过程中组员都积极参与、相互配合默契吗?

_____

(4)你们小组在完成任务过程中能与客户进行良好沟通吗?过程中体现保险营销人员的专业性,注重沟通表达技巧了吗?

_____

3. 教师评价

(1)小组综合表现:

_____

(2)优势:

_____

(3)待提升之处:

_____

四、学习拓展

通过你与客户的良好沟通,刘先生决定到你店办理保险续保业务,但他想知道自己需要缴纳的保险费,以便提前准备。请你为刘先生计算出他说需缴纳的保险费用。

子任务2　汽车保险退保

一、知识准备

(一)退保的含义

退保指在保单的有效期内,合同当事人的任何一方中途宣告(或要求)解除保险合同并注销保险单的行为。《中华人民共和国保险法》(2009版)第十五条规定:除本法另有规定或者保险合同另有约定外,保险合同成立后,投保人可以解除合同,保险人不得解除合同。即投保人具有随时退保的权利。

(二)退保的原因

(1)汽车按规定报废。

(2)汽车转让而对方又不愿进行保险直接过户的。

(3)汽车重复办理保险的,即为同一车辆投保了两份保险的。

(4)对保险公司不满,想换保险公司的。

(三)退保须符合的条件

(1)车辆的保险单必须在有效期内。

(2)在保险单有效期内,车辆没有向保险公司报案或索赔过;从保险公司得到过赔偿的车辆不能退保;仅向保险公司报案而未得到赔偿的车辆也不能退保。

(3)合同中没有特别约定不得退保的情况。

例如:通过银行贷款购车的,由于银行是第一受益人,所以银行一般要求保险公司出具保险合同时在合同中约定栏中填写:"未经银行书面同意,被保险人不得退保"。

(四)退保需提供的资料

1. 退保申请书

退保时要向保险公司的业务管理部门递交退保申请书,写明退保的原因和时间,车主是单位的需盖章,是个人则需签字。

2. 保险单原件

若保险单丢失的,则需事先补办保险单,再办理退保业务。

3. 保险费发票

一般需要原件,有时复印件也可以。

4. 被保险人的身份证明

被保险人是单位的需要单位的营业执照;是个人的需要身份证。

5. 证明退保原因的文件

(1)因车辆报废而退保,需提供报废证明。

(2)因车辆转卖他人而退保,需提供过户证明。

(3)因重复保险而退保,需提供互相重复的两份保险单。

(4)因对保险公司不满而退保,不需证明。

(五)退保的流程

(1)向保险公司提交退保申请书和其他相应的单证。写一份申请书,说明退保的原因和从什么时间开始退保,签上字或盖上章,把它交给保险公司的业务管理部门。

(2)保险公司业务管理部门对退保申请进行审核后,出具退保批单,批单上注明退保。上面写明退保时间及应退保费金额,同时收回您的汽车保险单。

(3)退保人持退保批单和身份证,到保险公司的财务部门领取应退给的保险费。

注意:保险公司计算应退保费是用投保时实缴的保险费金额,减去保险已生效的时间内保险公司应收取的保费,剩下的余额就是应退给您的保险费。

计算公式如下:

$$应退保险费 = 实缴保险费 - 应收取保险费$$

一般按月计算,保险每生效一个月,收10%的保险费,不足一个月的按一个月计算。

二、任务实施

(一)任务目标

(1)能够根据案例中王女士的退保需求,与客户进行良好有效的沟通。

(2)能够根据王女士实际情况,判断其是否符合退保条件,并告知客户退保需提供的资料。

(3)能够为王女士计算退保保费,并解释清楚退保流程,帮助其办理退保业务。

(二)准备工作

实训车辆、案例分析表、A4纸。

(三)工作内容

根据案例中王女士的退保需求,与客户进行良好的沟通,告知其退保需提供的资料及退保流程,帮助王女士计算出退保保费并完成退保业务。完成"案例分析表"的填写(表5-3)。

案例分析表　　　　　　　　　表5-3

案例:	
王女士今年投保了4300元的机动车商业险,并于今年2月起生效。今年10月13日,王小姐因将车辆转卖给他人而需要退保。原本以为可以拿回剩余6个多月的保费,可哪里知道保险公司告诉她只能退还40%的保费。 　　请你判断案例中王女士的情况是否符合退保条件,保险公司给王女士计算的退保保费是否正确的,并帮助王女士完成退保流程。	
是否符合退保条件:	
符合退保条件中的哪一条:	
退保保费计算公式:	
退保保费解释:	
王女士可得到的退保保费:	
退保需提供的资料:	1. 2. 3. 4. 5.
退保流程:	1. 2. 3.

考核要点：

(1)能否根据客户的退保需求,判断客户是否符合退保条件。

(2)能否与客户进行良好的沟通,告知客户退保需提供的资料及退保流程。

(3)能否为王女士计算出退保保费并进行合理解释,正确填写"案例分析表",帮助王女士完成退保业务的相关工作。

三、评价反馈

1. 自我评价

(1)你能根据客户情况判断其是否符合退保条件吗？

_____

(2)你能为客户解释退保流程,告知客户退保需提供的资料,帮助客户完成退保业务吗？

_____

(3)你能帮助客户计算退保可退的保险费吗？

_____

2. 小组评价

(1)你们小组在实施任务前对于如何完成任务有明确的计划和步骤吗？

_____

(2)你们小组在完成任务过程中有明确的分工、分角色扮演进行情景模拟吗？

_____

(3)你们小组在完成任务过程中组员都积极参与、相互配合默契吗？

_____

3. 教师评价

(1)小组综合表现：

_____

(2)优势：

_____

(3)待提升之处：

_____

四、学习拓展

林先生的轿车投保才两个月,出险达6次。昨天,开了3个月车的林先生接到了保险公司的电话,说保险公司愿意退还剩余10个月的保费,希望能提前结束合同关系,还建议她退保。林女士认为购买了车险后,风险就完全由保险公司承担了,保险公司没有权利让她退保。保险公司则以怀疑其恶意出险为由要求解除合同。请你灵活运用所学知识,对此案例进行分析。

学习任务六　认识汽车保险理赔

学习目标

1. 能够理解保险理赔的含义和特点；
2. 知道汽车保险理赔的基本原则；
3. 清楚汽车保险理赔的工作模式；
4. 能够与客户进行良好有效的沟通，了解客户的用车信息，锻炼沟通表达能力和灵活应变能力；
5. 能够运用所学知识，结合客户实际情况，为客户提供规范的汽车理赔流程；
6. 通过网络查询相关资料，并结合所学知识，帮助客户正确地认识汽车保险理赔程序；
7. 能够根据客户车辆出险的实际案例，指导客户正准确地准备索赔所需的单证资料；
8. 能够灵活运用所学知识，从不同事故类型，指导客户正确选择索赔程序，高效索赔。

学习内容

1. 汽车保险理赔的特点；
2. 汽车保险理赔的基本原则；
3. 汽车保险理赔业务的基本流程；
4. 车险事故的类型；
5. 汽车保险理赔的工作内容。

建议学时:24学时。

任务描述

张女士是一名公司白领,她于2019年在一汽大众4S店购买了一辆全新迈腾轿车,并在4S店销售人员的推荐下,购买了某保险公司的商业保险。但拿到保单后,张女士却一脸茫然,完全不清楚汽车保险怎么用,怎么索赔(图6-1)。于是,她找到驻店保险专员的你,仔细咨询汽车保险理赔的相关事宜。请你从汽车保险理赔的特点、业务流程及工作内容等方面一一为张女士解答,以帮助她准确地了解汽车保险理赔业务。

学习任务六 认识汽车保险理赔

图 6-1 任务描述

汽车保险是无形产品,客户购买后看不见摸不着,非专业的车主,对保险术语及专业条款并不理解,多数车主都会像张女士一样不知道汽车保险怎么理赔,也都担心自己爱车出事故后是否能得到赔付。所以,汽车保险从业人员一定要把握汽车保险理赔的原则,熟知汽车保险理赔的业务流程和工作内容,并能运用自己所学知识,与客户进行良好的沟通,为客户进行解答,以消除客户的顾虑。

子任务1 汽车保险理赔业务的原则

一、知识准备

(一) 汽车保险理赔的意义

1. 汽车保险理赔的含义

所谓汽车保险理赔,是指被保险机动车发生保险责任范围内的损失后,保险人依据保险合同对被保险人提出的索赔请求进行处理的行为。是体现保险职能和履行保险责任与义务的直接体现。

2. 汽车保险理赔的意义

汽车保险,是社会保险的丰富与具体举措,是社会经济发展的时代产物。准确实施汽车保险理赔,对保持社会稳定、促进社会经济发展具有很大作用。具体到涉及群体,汽车保险理赔对保险人和被保险人都有重要意义(图 6-2)。

(1) 对投保人(被保险人)的意义。

①损失补偿。投保标的车辆在保险责任范围内发生事故,造成人员、车辆、财物损失时,及时向保险公司提出索赔申请,保险人(保险公司)在保额范围内对标的损失进行足额(或差额)补偿,减小被

图 6-2 汽车保险理赔对车主及保险公司的影响

图6-3 汽车保险理赔帮助客户恢复生产

保险人的财产损失,降低被保险人的经济压力。

②稳定生活。随着社会经济的不断进步,人们物质生活需求日益广泛。汽车保有量持续增加,交通意外和事故也随之增多,伴随事故带来的是大量人财物的损失。对于普通老百姓而言,发生交通事故,高昂的事故赔偿费用,可能导致倾家荡产。合理选择汽车保险,获得汽车保险理赔,在发生事故损失时,能快速地恢复生产,安定各方的生活(图6-3)。

(2)对保险人(保险公司)的意义。

①发现和检验展业承保业务的质量。保险公司展业是否深入,承保核保是否合乎标准,防灾工作是否有助于风险的防阻,保险费率是否适度、合理与公平等,在风险出险前不易有准确的把握。但当需要理赔时,保险公司有无能力赔偿,有多大的能力赔偿,赔偿以后对保险公司赔偿基金和经营稳定性有多少现实和潜在影响等问题,将是对保险公司经营整体的检验。通过这一检验,反过来可以促进保险公司改善经营活动中存在的问题。

②提高保险公司知名度。保险标的车辆发生事故,造成损失,保险公司主动、迅速、准确、及时地进行理赔,能增强客户的获得感、提高客户的满意度,也是保险人主动履责、敢于担当的正面体现,能大幅度地提高公司的知名度。

③识别保险欺诈。汽车保有量的增加,带动了车险业务的发展。但由于各种原因,部分投保人、汽车维修企业等采取夸大损失、人为制造损伤、重复索赔等方式实施保险欺诈(图6-4)。改进汽车保险理赔业务程序,第一时间完成保险标的事故车辆的现场查勘、定损、核损等理赔事宜,固定事件原因与结果,生成事故证据,能有效地识别保险欺诈。

图6-4 涉嫌汽车保险欺诈

④发现商机,促进保险经营。汽车保险业务在整个财产保险业务中占有十分重要的地位。美国汽车保险保费收入,占财产保险总保费的45%左右,占全部保费的20%左右。日本和中国台湾汽车保险的保费占整个财产保险总保费的比例更是高达58%左右。我国各保险公司中,汽车保险业务占总业务量的50%以上,其经营的盈亏,直接关系整个财产保险行业的经济效益。汽车保险业务效益已经成为财产保险公司效益的"晴雨表"。

(二)汽车保险理赔的特点

汽车保险理赔具有显著的特点。汽车保险从业人员必须对这些特点了解并掌握,这是做好汽车保险理赔工作的前提和关键。

1. 被保险人的公众性

汽车保险理赔的公众性是指被投保人(被保险人)的公众性。我国的汽车保险的被保险人曾经是以单位、企业为主,但是,随着私家车辆的逐年增加,被保险人中单一车主的比例显著增加。这些被保险人的特点是他们购买保险具有较大的被动色彩,加上文化、知识和修养的局限,他们对汽车保险、交通事故处理、车辆修理等缺乏认识。同时,由于某些原因,检验和理算人员在理赔过程中与其车主交流存在较大的障碍。

2. 损失小、频率高

汽车保险的另一个特征是保险事故虽然损失金额一般不大,但是,事故发生的频率高。保险公司在经营过程中需要投入的精力和费用较大,有的事故金额不大,但是,仍然涉及对被保险人的服务质量问题,保险公司同样应予以足够的重视。另一方面,从个案的角度看赔偿的金额不大,但是,积少成多也将对保险公司的经营产生重要影响。

3. 保险标的流动性大

汽车有别于飞机、火车、轮船等具有固定运行线路交通工具的特征之一就是它的灵活性,无轨道、非驾线,运行灵活,流动性大。这也注定了汽车保险理赔具有很大的流动性。标的车辆发生事故的时间、地点不确定,要求保险公司必须拥有一个运作良好的服务体系来支持理赔服务,必须要有全天候的报案受理机制和庞大而高效的检验核算网络。

4. 受制于维修企业(图6-5)

在汽车保险的理赔中扮演重要角色的是维修企业,维修企业的维修价格、工期和质量均直接影响汽车保险的服务。大多数被保险人在发生事故之后,均会及时向保险公司报案,并交由保险公司全权负责后续维修事宜,在车辆交给维修企业之后就鲜有问津。一旦因车辆修理质量或工期,甚至价格等出现问题均将保险公司和维修企业一并指责。而事实上,保险公司在保险合同项下承担的仅仅是经济补偿义务,对于事故车辆的修理以及相关的事宜并没有负责义务。

图6-5 质量受制于维修企业

5. 道德风险高

汽车保险是道德风险的"重灾区"。汽车保险具有标的流动性强、户籍管理中存在缺陷、保险信息不对称等特点,以及汽车保险条款不完善,相关的法律环境不健全及汽车保险经营中的特点和管理中存在的一些问题和漏洞,给了不法之徒可乘之机,汽车保险欺诈案件时有发生。

(三)汽车保险理赔的基本原则

汽车保险理赔涉及面广、头绪多、情况复杂,因此,在理赔过程中,一定要坚持必要的原则。

1. 服务客户,实事求是

汽车保险理赔过程中,要充分体现保险的损失补偿作用。当标的车辆发生事故后,保险人要急被保险人所急,千方百计避免扩大损失,尽量减轻因灾害事故造成的影响,及时安排事故车辆修复,并保证基本恢复车辆的原有技术性能,使其尽快投入生产运营。及时处理赔案,支付赔款,以保证被保险人、受益人的生产、经营的持续进行和生活的安定。

在现场查勘、车辆修复定损以及赔案处理时,要坚持实事求是的原则,在尊重客观事实的基础上,具体问题具体分析,既严格按规定办事,又结合实际情况进行适当灵活处理,使各方都比较满意。

图6-6 依法办事

2. 重合同,守信用,依法办事

保险人是否履行合同,就看其是否严格履行经济补偿义务。因此,保险方在处理赔案时,必须加强法治观念,严格按条款办事,该赔的一定要赔,而且要按照赔偿标准及规定赔足;不属于保险责任范围的损失,不滥赔,同时还要向被保险人讲明道理,拒赔部分要讲事实、重证据。

要依法办事(图6-6),坚持重合同,诚实信用,只有这样才能树立保险的信誉,扩大保险的积极影响。

3. 坚持"八字"方针

"主动、迅速、准确、合理"是保险理赔人员在长期的工作实践中总结出的经验,是保险理赔工作优质服务的最基本要求:

(1)主动:就是要求保险理赔人员对出险的案件,要积极、主动地进行调查、了解和勘查现场,掌握出险情况,进行事故分析确定保险责任。

(2)迅速:就是要求保险理赔人员查勘、定损处理迅速、不拖沓、抓紧赔案处理,对赔案要核得准,赔款计算案卷缮制快,复核、审批快,使被保险人及时得到赔款。

(3)准确:就是要求从查勘、定损以至赔款计算,都要做到准确无误,不错赔、不滥赔、不惜赔。

(4)合理:就是要求在理赔工作过程中,要本着实事求是的精神,坚持按条款办事。在许多情况下,要结合具体案情准确定性,尤其是在对事故车辆进行定损过程中,要合理确定事故车辆维修方案。

理赔工作的"八字"原则是辨证的统一体,不可偏废。如果片面追求速度,不深入调查了解,不对具体情况做具体分析,盲目结论,或者计算不准确,草率处理,则可能会发生错案,甚至引起法律诉讼纠纷。当然,如果只追求准确、合理,忽视速度,不讲工作效率,赔案久拖不决,则可造成极坏的社会影响,损害保险公司的形象。总的要求是从实际出发,为保户着想,既要讲速度,又要讲质量。

4. 近因原则

近因:是指在风险和损失之间,导致损失的最直接、最有效、起决定作用的原因,而不能理解为时间上的、空间上最接近的原因(图6-7)。

在保险实践中,产生损失的原因可能是单一的,也可能是多个的;既可能是承保危险,也可能是除外危险或者是保险单中未提及危险。

(1)单一原因:即损失由单一原因造成,则该原因即为损失的近因,如该近因属于保险风险,则保险人负赔付责任;反之则不予赔付。单一原因认定较简单。

(2)多个原因造成保险事故的认定。

图6-7 何为近因

①两个以上原因危险连续发生造成损害,若后因是前因直接、必然的发展结果或合理的延续时,以前因为近因。

如果连续发生导致损失的多种原因均属保险责任,则保险人应负全部损失的赔偿责任。

如果连续发生导致损失的多种原因均不属于责任免除范围,则保险人不负赔偿责任。

如果连续发生导致损失的多种原因不全属于保险责任,最先发生的原因属于保险责任,而后发生的原因属于责任免除,则近因属保险责任,保险人负赔偿责任。

最先发生的原因属于责任免除,其后发生的原因属于保险责任,则近因是责任免除项目,保险人不负赔偿责任。

②多因间断发生。多种原因危险先后发生,但后一原因介入并打断了原有的某一事件与损害结果之间的因果关系链,并对损害结果独立地起到决定性的作用,该新介入的原因即作为近因。

③因并存发生。所谓并存,是指在造成损失的整个过程中,多个原因同时存在,相互之间没有前后继起关系。

二、任务实施

(一)任务目标

(1)能够与客户进行良好有效的沟通,了解客户的需求,收集客户用车信息的要素。

(2)能够根据收集的客户用车信息,正确规范地完成"保险理赔客户档案表"的填写。

(3)能够运用所学知识,结合客户实际情况,为客户介绍汽车保险理赔的特点和遵循的基本原则。

(4)能够灵活运用所学知识,以近因原则为例,帮助客户分析车辆出险时能否向保险人索赔的问题。

(二)准备工作

一体化教学环境、实训用车辆、"保险理赔客户档案表"、索赔分析报告。

(三)工作内容

(1)与客户张女士进行良好有效的沟通,收集李女士用车信息的要素;按照"保险理赔

客户档案表"(表6-1)内容记录客户的用车信息。

保险理赔客户档案表　　　　　　　　　　　　　　　　　　　　　表6-1

保险客户档案表				
保险人员：		填表日期：		编号：
基本信息				
车主：		车牌号：	发动机号：	车架号：
购车日期：		车型：	驾龄：	
电话：				
用车区域：				
车辆用途：				
购买的险种	1.交强险□		2.车损险□	3.三者险□
	4.盗抢险□		5.破损险□	6.座位险□
	7.划痕险□		8.其他险□	9.不计免赔□
家庭成员（用车及乘车）				

考核要点：

①能否与张女士进行良好有效的沟通，沟通过程中体现专业性。

②能否按照"保险理赔客户档案表"的内容获取张女士的用车信息并准确地记录，完成"保险理赔客户档案表"的填写。

(2)运用所学知识，结合张女士的购买险种，协助张女士分析案例，完成"索赔分析报告"的填写(表6-2)。

索赔分析报告　　　　　　　　　　　　　　　　　　　　　　　　表6-2

案　例	事件要素	近　因	分析结论
(1)车主王飞吉因车速太快，撞到了转弯处的一棵大树，大树倒向路旁的房屋，房屋垮塌，压死了屋里休息的主人。请分析，王飞吉需要赔偿死者吗？如果他购买了机动车第三者责任险，是否可以向保险公司索赔？	1.	1.	结论： 理由：
(2)2019年2月30日凌晨2:30，市区下起了倾盆大雨，道路严重积水。上午9时，车主张泰升准备开车上班，见爱车轮胎一半被水淹没，仍上车点火起动，发动机发出发动声后死火，而后则无法起动。拖至修理厂，发现发动机进气系统入水吸进燃烧室，导致连杆折断，缸体破损。他能获得索赔吗？	2.	2.	结论： 理由：

考核要点：
①能否向张女士准确描述案例要素。
②能否正确引导张女士找到近因。
③能否帮助张女士确认能否够索赔，并说出理由。

三、评价反馈

1. 自我评价

(1) 你能说出汽车保险理赔的定义吗？

_____

(2) 你能独立完成对客户用车信息的收集工作吗？

_____

(3) 你能给客户介绍清楚车险理赔的原则吗？

_____

(4) 你能帮助客户具体分析车险索赔案例吗？

_____

2. 小组评价

(1) 你们小组在接到任务之后组内讨论如何完成任务了吗？

_____

(2) 你们小组在完成任务过程中遇到困难并积极想办法解决了吗？

_____

(3) 你们小组在完成任务过程中组员都积极参与、相互配合吗？

_____

(4) 你们小组在完成任务过程中体现了保险理赔人员的专业性及良好的服务态度吗？

_____

3. 教师评价

(1) 小组综合表现：

_____

(2) 优势：

_____

(3) 待提升之处：

_____

四、学习拓展

李先生在你公司购买了保险，发生了道路交通事故，他不知道该如何处理。作为专业的保险理赔人员，此时接到李先生的电话，你应该如何与客户沟通，帮助李先生完成报案及后续理赔工作。

子任务2　汽车保险理赔业务流程和工作内容

一、知识准备

(一)我国汽车保险理赔的工作模式

1. 查勘定损和理算相统一的管理模式

查勘、定损和理算结合由保险公司承担的模式,这种模式的出现主要是保险公司市场主体少、被保险人保险意识淡薄,保险公估业不发达,汽车修理市场比较混乱,社会信用差等。这种模式的弊端很明显,主要表现在:

(1)保险公司资金投入大,工作效率低,经营效率差,对于保险公司自身来说,大量的物力和人力处理烦琐的保险理赔工作,从而导致了其保险公司内部管理和经营效率的低下。保险公司这种合并的经营模式的不合理性与我国保险公司要做大做强,参与国际竞争,培养核心竞争力,走保险专业化的道路相比,是不相适应的,差距很大。

(2)保险理赔业务透明度差,有失公正,汽车保险的定损理赔工作不同于其他的社会生产项目,其涉及的利益面广,专业性强,理算环节多等,这就要求理赔业务公开、透明。保险公司自己定损就好比保险公司既做"运动员",又当"裁判",这对保险公司来说,意味着违背了保险的宗旨和公正的原则要求。这种矛盾往往很容易出现,也容易产生一些信息不对称的现象。

2. 与外部专业机构合作模式的优势

保险公估——即由专业的保险公估公司接受保险当事人的委托,负责汽车的损失检验和理算工作,这是国际上通行的做法。这种做法的好处有:减少理赔纠纷、完善了保险市场结构、能够促进保险公司优化内部结构。

(1)减少理赔纠纷。由没有利益关系的公估人负责查勘、定损工作,能够更好地体现保险公司合同公平的特点,使理赔过程公开、透明,避免了可能出现的争议和纠纷,防止以权谋私。

(2)完善了保险市场结构。由专业公司负责查勘、定损工作,能够更好地体现社会分工的专业化,同时可以促进保险公估业的发展,进一步完善保险市场结构。

(3)能够促进保险公司优化内部结构,节省大量的人力、物力、财力。由于保险公司是按实际发生的检验工作量向公估公司支付检验费用的,因此能更如实反映经营的真实情况,避免保险公司配备固定的检验人员和相关设备可能产生的不必要的费用开支和增加固定经营成本。

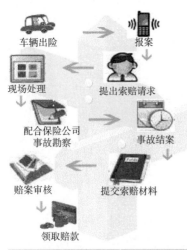

图6-8　汽车保险理赔基本流程(客户端)

(二)汽车保险理赔业务的基本流程及工作内容

1. 汽车保险理赔业务的一般流程

汽车保险理赔业务一般流程可分为车主索赔与保险公司理赔两部分。车主索赔流程如图6-8所示。保险公司理赔流程主要有:出险→报案(受理)→查勘→定损→核价→核损→核赔→支付,具体如图 6-9 所示。

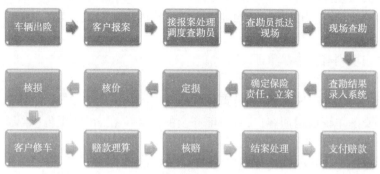

图 6-9　汽车保险理赔基本流程(公司端)

(1)出险:发生事故。

(2)报案(受理):一般保险公司要求在事发 48h 内报案,部分保险公司及报案电话如图 6-10 所示。

图 6-10　部分保险公司及报案电话

①出险后,客户向保险公司理赔部门报案。

②内勤接报案后,要求客户将出险情况立即填写"业务出险登记表"(电话、传真等报案由内勤代填)。

③内勤根据客户提供的保险凭证或保险单号立即查阅保单副本并抄单以及复印保单、保单副本和附表。查阅保费收费情况并由财务人员在保费收据(业务及统计联)复印件上确认签章(特约付款须附上协议书或约定)。

④确认保险标的在保险有效期限内或出险前特约缴费,要求客户填写"出险立案查询表",予以立案(如电话、传真等报案,由检验人员负责要求客户填写),并按报案顺序编写立案号。

⑤发放索赔单证。经立案后向被保险人发放有关索赔单证,并告知索赔手续和方法(电话、传真等报案,由检验人员负责)。

⑥通知检验人员,报告损失情况及出险地点。

(3)查勘定损。

①检验人员在接保险公司内勤通知后1个工作日内完成现场查勘和检验工作(受损标的在外地的检验,可委托当地保险公司在3个工作日内完成)。

②要求客户提供有关单证。

③指导客户填列有关索赔单证。

(4)签收审核索赔单证。

①营业部、各保险支公司内勤人员审核客户交来的赔案索赔单证。对手续不完备的,向客户说明需补交的单证后退回客户,对单证齐全的赔案应在"出险报告(索赔)书"(一式二联)上签收后,将黄色联交还被保险人。

②将索赔单证及备存的资料整理后,交产险部核赔科。

(5)理算复核。

①核赔科经办人接到内勤交来的资料后审核,单证手续齐全的在交接本上签收。

②所有赔案必须在3个工作日内理算完毕,交核赔科负责人复核。

(6)审批。

①产险部权限内的赔案交主管理赔的经理审批。

②超产险部权限的逐级上报。

(7)赔付结案。

①核赔科经办人将已完成审批手续的赔案编号,将赔款收据和计算书交财务划款。

②财务对赔付确认后,除赔款收据和计算书红色联外,其余取回。

2. 车险理赔异地理赔(图6-11)

(1)报案。投保人通过保险公司热线服务报案。

(2)查勘、定损。事故发生地就近的保险公司网点工作人员进行查勘和定损。目前,有两种定损方式可供选择:出险地就近定损和回保单所在地定损。就地定损是异地出险车辆较为常见的定损方式,由受理报案的分公司直接完成查勘、定损工作。回保单所在地定损,必须事先报案并征得保险公司的同意,否则很可能被保险公司视为错过报案期限处理。若事故损失较大或发生人员伤亡,车辆必须在当地完成查勘。

(3)核价、核损。投保人将理赔资料递交到保险公司网点,由工作人员将资料上传至车险理赔工作管理系统中。理赔人员从接收到材料开始进行审查、理算、核赔。投保人可到就近网点领取赔款或通过转账方式获得理赔款。

图6-11 异地出险理赔

3. 车险理赔单车事故

单车事故,是指不涉及人员伤(亡)或第三者财物损失的单方交通事故。是最为常见的保险理赔事故,因不涉及第三者的损害赔偿,仅造成被保险车辆损坏,事故责任为被保险车辆负全部责任,所以事故处理非常简单。其理赔流程如图6-12所示。

(1)报案。事故发生后,保留事故现场,并立即向投保的保险公司报案。

(2)现场处理。损失较小(1万元以下),保险公司派人到现场查勘,并出具"查勘报告";损失较大(1万元以上),如查勘员认为需要报交警处理,会向交警部门报案,由交警部门到现场调查取证,并出具"事故认定书"。

(3)定损维修。车主将车辆送抵定损中心并同时通知保险公司,保险公司进行定损;维修企业修车;车主到厂(店)提取车辆。

(4)提交单证进行索赔。收集索赔资料并将材料交保险公司办理索赔手续。

(5)损失理算。保险公司收到齐备的索赔单证以后进行理算,并确定最终的赔付金额。

(6)赔付。保险公司的财务人员会根据理赔人员理算后的金额,向车主指定的银行账户划拨赔款。

4. 车险理赔三者事故(含人员伤亡)

三者事故是汽车保险理赔中较为复杂的案例,若涉及人员伤亡,则理赔流程相对复杂,理赔时限也较长。其理赔基本流程如图6-13所示。

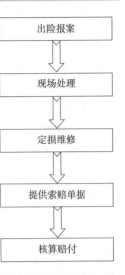

图6-12 单车事故理赔流程

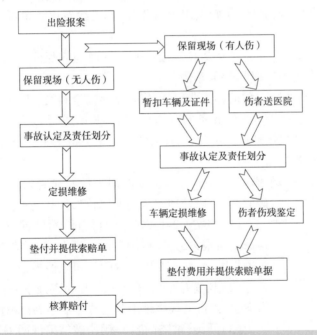

图6-13 三者事故理赔流程

(1)报案。事故发生后,事故各方车辆应停在原地,保留好事故现场,并立即向保险公司和交警部门报案。

如有人员伤亡,应立即送往医院,除非事发地段比较荒凉或者无车经过,尽量不挪动事故车。

(2)现场处理。交警部门到现场调查取证,并暂扣事故车辆、当事驾驶人《驾驶证》和事故车辆《行驶证》。一般情况下,交警处理的事故保险公司查勘人员无须再到现场查勘。

(3)责任认定。交警部门根据事故情况作出责任判断,并向当事各方送达《责任认定书》;如当事各方对事故责任认定不服,应在收到《责任认定书》15日内向交警部门提出复议或者向人民法院提出诉讼。

(4)伤者就医。医生对伤者进行检查,出具《病历》和《诊断证明》,并作出是否住院治疗的决定。

主治医生认为伤者无须继续住院治疗的,伤者应办理出院手续开具《出院证明》,注明出院后的注意事项,休养时间,护理时间及护理人数。

主治医生认为伤者无须住院治疗的,伤者拒不办理出院手续,赔偿义务人应通知交警部门,从主治医生证明伤者可以出院之日起的费用赔偿义务人可以不负责赔偿,保险公司也不会赔偿。

如伤者出院之后需继续治疗的,医生出具《继续治疗费用预估证明》,合理的费用由保险公司进行赔付。

(5)伤残评定。伤者治疗结束后,可以到相关的鉴定机构进行伤残评定,如达到伤残等级,应取得《伤残等级证明》。

(6)医疗担保和预付费用。当肇事各方无法承担医疗费用时,可以向保险公司提出申请预付医疗费用,凭医生出具的《医疗费用预估证明》和已缴费用清单可以获得不超过所需费用50%的预付款。

(7)车辆定损修理。车主将车辆送抵定损中心并同时通知保险公司,保险公司进行定损;维修企业修车;车主到厂(店)提取车辆。

(8)提交单证进行索赔。付清相关费用,收集索赔所需资料交保险公司办理索赔手续。

(9)核算赔付。保险公司收到齐备的索赔单证后,开始进行理算,以确定最终赔付金额。保险公司财务人员根据理赔人员理算后的金额,向车主指定账户划拨最终赔款。

5. 车险理赔整车被盗抢

整车被盗抢是指整部车辆被盗、被抢。该类事故因为涉及交警大队立案以及必要的侦破时间,所以处理起来周期比较长。其基本流程如图6-14所示。

(1)报案。24h内带齐身份证、驾驶证、行驶证原件向案发地派出所报案,并取得加盖派出所公章的报案回执及被盗(抢)车辆报案表,并48h内向保险公司电话报案。

(2)刊登寻车启事。一周内带齐报案回执、被盗(抢)车辆报案表,到市一级报纸上刊登寻车启事,并保存好全幅报纸。

(3)开具《被盗(抢)车辆侦破结果证明书》。如果3个月后(有些公司规定2个月)车辆仍未找到,带齐报案回执、被盗(抢)机动车辆报案表,到派出所和公安分局刑警大队办理未侦破证明手续,并由上述两个部门在《被盗(抢)车辆侦破结果证明书》上盖章确认未破获。

(4)车辆销户。到保险公司复印两份《被盗(抢)车辆立案表》并盖章;办理车辆销户手续。带齐被盗(抢)车辆侦破结果证明书、报案回执、被盗(抢)机动车辆报案表、被盗(抢)机动车辆立

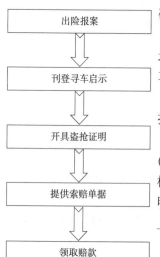

图6-14 整车被盗抢理赔流程

案表(一份交车管所留存)、行驶证填写《机动车辆停驶登记申请表》,在公安报上刊登《销户声明》,取得《销户证明》。

(5)提交单证进行索赔。收集索赔资料交保险公司办理索赔手续。

(6)理算赔付。保险公司收到齐备的索赔单证后进行理算,以确定最终的赔付金额;保险公司财务人员会根据理赔人员理算后的金额,向车主指定账户划拨赔款。

二、任务实施

(一)任务目标

(1)能够与客户进行良好有效的沟通,全面地了解客户对保险出险流程需了解的信息。

(2)能够运用自己所学的知识,向客户张女士完整介绍车险理赔的一般流程。

(3)能够灵活运用所学知识,帮助客户张女士梳理不同事故形态的理赔过程,并填写案情分析表,帮助客户解决车险索赔的程序问题。

(二)准备工作

实训用车辆、车险理赔案情分析报告、多媒体教学环境、模拟教具等。

(三)工作内容

运用所学知识,结合张女士车辆保险情况,为其分析用车途中可能出现的车险事故,并梳理不同事故形态报案索赔的程序及注意事项,一并完成"车险理赔案情分析报告"(表6-3)的填写。

考核要点:

(1)能否帮助张女士充分认识汽车保险出险形态。

(2)能否为张女士正确清楚地介绍车险理赔流程。

(3)能否帮助张女士选择出正确的报案索赔程序。

车险理赔案情分析报告　　　　　　　　　　　　　　表6-3

案情形式	损失内容	报案手段及主体	理赔流程	注意事项
1. 单车事故				
2. 双车车损事故				
3. 三者车损事故				
4. 三者伤人事故				
5. 异地单车事故				
6. 异地三者事故(含人员伤亡)				
7. 全车被盗抢				

三、评价反馈

1. 自我评价

(1)你能说出车险出险的类型吗?

(2)你能独立完成对客户信息的收集工作吗？
_____

(3)你能帮助客户分析用车出险形态吗？
_____

(4)你能帮助客户选择准确的车险理赔程序吗？
_____

2. 小组评价

(1)你们小组在接到任务之后对如何完成任务制订了明确的计划吗？
_____

(2)你们小组在完成任务过程中有明确的分工、组员均有事可做吗？
_____

(3)你们小组在完成任务过程中组员都积极参与、相互配合吗？
_____

(4)你们小组在完成任务后对任务完成情况进行自检了吗？
_____

3. 教师评价

(1)小组综合表现：
_____

(2)优势：
_____

(3)待提升之处：
_____

四、学习拓展

车险理赔"十不赔"

张女士通过学习，对保险理赔有了很深刻的了解，赶紧为自己的爱车买了"全车险"，心想即使发生点啥，也有保险公司赔付，于是，开车上路底气也足了不少。一日，张女士开车上班，正常行驶中被侧方闯红灯而来的摩托车撞击，导致右前车门严重受损。担心自己上班迟到，又见摩托车主衣衫褴褛，还想着自己爱车买了保险，于是，她未向摩托车主索赔，便主动驾车离开。下午下班，张女士向保险公司电话报案进行索赔，接线人员问清事实经过后很抱歉地告诉张女士，她不能获得理赔。这下，张女士傻眼了：买了"全车险"居然不保险(图6-15)！请你用专业知识告诉张女士，哪些情况是汽车保险拒赔的。

1. 撞"自己人"不赔

所谓第一者、第二者是指保险人、被保险人(驾驶人视同于被保险人)，除去这些人以外的，都视为第三者。在保险条款中规定被保险人或驾驶人的家庭成员不属于"第三者"的范畴。所以，如果车辆撞到自家人，商业三者险条款中规定为免责。同理，车辆之间互碰，如果属于同一人所有，则不能互为三者，根据条款规定不赔(图6-16)。

学习任务六　认识汽车保险理赔

图6-15　保险理赔也有不赔

图6-16　撞自己人不赔

2. 放跑全责人不赔（图6-17）

如果车主与其他车辆发生碰撞，且责任在对方，不能因为赶时间嫌麻烦或者其他什么原因放弃向对方要求赔偿的权利。车主一旦放弃了向第三方追偿的权利，也就放弃了向保险公司要求赔偿的权利。

3. 涉水打火受损不赔（图6-18）

车辆行驶到水深处，发动机熄火后，驾驶人强行打火造成发动机的损坏，车辆损失险是属于免责范围的。但为了给车主提供更充分的保障，保险公司开发了发动机特别损失险，如车主投保了此附加险，则可赔付。

图6-17　放跑全责肇事者保险不赔

4. 新车不上牌不赔（图6-19）

购买新车通常有临时牌照，临时牌照的有效期为15～20天，只能续期一次——15天。如果临时牌照过期驾车上路，则属于不按规定悬挂牌照，出事故后得不到任何赔付。

图6-18　涉水打火不赔

图6-19　新车不上牌不赔

5. 无交强险不赔（图6-20）

如果未购买交强险或交强险过期，发生事故，无论何种情况，都要承担主要责任或全部责任，并不能获得机动车损失险、机动车第三者责任险及其附加险的赔偿。

6. 精神损失不赔(图 6-21)

汽车保险仅针对事故造成的直接损失以及必要的医疗、施救等费用进行赔付,不对事故中的精神损害作赔偿。

图 6-20　无交强险不赔

图 6-21　精神损失不赔

7. 未年检的不赔

如果驾驶证到期不检、车辆逾期不年检、驾驶证扣分满 12 分处于注销状态等,发生事故造成损失,保险公司有权不赔。

8. 先维修后定损不赔

如果车辆出险,车主需要先到保险公司定损再修车,否则保险公司可能因无法确定损失金额而拒绝赔偿。

9. (醉)酒后驾车不赔

酒后驾车、醉酒驾车、吸毒后驾车均属于违法行为,发生交通事故造成损失,保险公司一律不赔。

10. 其他不赔的情况

(1)自然灾害导致的损失不赔(买了附加险的除外)。

(2)私自加装不赔。

(3)单独爆胎损失不赔。

(4)零部件被盗不赔。

(5)车上物品造成损失不赔。

(6)实习期单独上高速发生事故的不赔。

(7)维修期间损失不赔。

(8)超过报案时限不赔。

学习任务七　事故车辆的查勘与定损

学习目标

1. 能够理解交通事故的定义和要素；
2. 能够理解交通事故责任的认定类型；
3. 能准确地划定交通事故责任方；
4. 能够与客户进行良好有效的沟通，了解客户的需求，锻炼沟通表达能力和灵活应变能力；
5. 能够熟悉车险报案信息和接报案的工作内容；
6. 能够独立处理接报案工作；
7. 能够运用所学知识，结合实际案例，完成现场查勘准备工作；
8. 能通过网络、书籍、实地参观等方式，获取车险所需的资料与单证信息；
9. 能够灵活运用所学知识，完成出险车辆查勘定损工作；
10. 能够灵活运用所学知识，配合团队，完成对客户车辆的核损工作。

学习内容

1. 交通事故的定义及要素；
2. 交通事故责任的类型；
3. 交通事故的责任认定；
4. 车险接报案工作内容；
5. 车险查勘的准备工作；
6. 车险查勘的基本流程及工作内容；
7. 车险定损的流程；
8. 车险定损的操作要点及注意事项；
9. 车险理赔核损的基础知识。

建议学时：36学时。

任务描述

国庆小长假，带着愉悦的心情，车主黄飞吉驾驶自己的爱车飞驰在峨眉山景区蜿蜒的林荫大道上，谁知因速度太快，转向不足，撞上了转弯处的参天古树上（图7-1），造成车毁树损的悲剧。所幸人无大碍，黄飞吉拨打了122报警电话，同时拨打了保险公司的报案电话。交警到场出具了交通事故认定书，你作为保险定损员，被公司安排去处理这次查勘定损案件。

图7-1 撞树上了

任务分析

本次事故为普通的交通事故,事故责任认定简单,车险业务包含机动车损失险和机动车第三者责任险。交警到场认定交通事故责任,出具认定书后将案件转入保险公司做车险理赔。你身为投保公司的定损员,需及时联系报案人员并再次确认出险地点、时间及基本状况,并对出险车辆进行查勘、定损和核损。你须熟练掌握车险查勘定损的内容和流程,掌握拍照等注意事项,方能完成查勘定损工作。

子任务1 交通事故的认定

一、知识准备

(一) 交通事故的定义与构成要素

1. 交通事故的定义

车辆在公用道路上行驶过程中,由于违章,造成人、畜伤亡或车物损坏的意外事件,统称为交通事故。

2. 交通事故的构成要素

从交通事故的定义不难看出,交通事故,必须具备以下六个要素:

(1) 发生事件。交通事故必须是事件,而不是行为。即交通事故既可以是一行为导致的结果,也有可能是单纯的事件。

(2) 车辆。事故一方的主体必须是车辆,包括机动车或非机动车。

(3) 发生在道路上。指事故发生在公路、城市道路和虽在单位管辖范围但允许社会机动车通行的地方,包括广场、公共停车场等用于公众通行的场所。

(4) 有危害后果。包括人身伤亡或者财产损失,或者人身伤亡和财产损失同时具备等情形。

(5) 危害后果必须是车辆造成的。交通事故的危害结果是由车辆造成的,包括直接或间接造成的。

(6)原因是过错或意外。引发交通事故的原因一定是过错造成的或意外产生的。故意制造事故,属于刑事案件。

3.交通事故的类型

交通事故的分类有多种形式。与汽车保险相关的分类方式有两种,即:按事故后果和对象分类。

(1)按事故后果分类。

①轻微事故:一次造成1~2人轻伤,或财产损失低于1000元的事故。

②一般事故:一次造成1~2人重伤或3人以上轻伤,或财产损失低于3万元的事故。

③重大事故:一次造成1~2人死亡,或重伤3~10人,或财产损失在3万~6万元的事故。

④特大事故:一次造成3人以上死亡,或重伤11人以上,或死亡1人同时重伤8人,或死亡2人同时重伤5人以上,或财产损失6万元以上的事故。

(2)按事故对象分类。

①车车事故:运动中的车辆间或运动与静止的车辆间发生碰撞、擦刮等引起的事故。

②人车事故:运动的机动车对行人的碰撞、碾压和擦刮等引起的事故。

③"机非"事故:机动车与非机动机车混行,机动车碾压、碰撞、擦刮非机动车的事故。

④单车事故:机动车因自身原因造成的事故。

(二)交通事故的责任类型

1.全部责任

有下列情形之一造成交通事故的,应当负事故的全部责任:

(1)故意造成道路交通事故的,负全部责任。

(2)一方因过错导致交通事故,其他人无违章行为的,由过错一方承担事故全部责任。

(3)当事人逃逸,造成现场变动、证据灭失,公安交管部门无法查证道路交通事故事实的,由逃逸的当事人承担全部责任(图7-2)。

(4)当事人故意破坏、伪造现场及毁灭证据的,由其承担事故全部责任。

(5)驾驶机动车发生与本车有关联的交通事故时,当事人不立即停车,不保护现场,致使交通事故责任无法认定的,应当负事故的全部责任。

(6)一方有条件报案而未报案或者未及时报案,使交通事故责任无法认定的,应当负全部责任。

图7-2 肇事逃逸负全责

2.主要责任和次要责任

(1)机动车、非机动车、行人发生交通事故,交通事故各方均有违章行为,在交通事故中作用大的一方负主要责任,另一方负次要责任。

(2)机动车与非机动车、行人发生交通事故,各方有条件报案而未报案或者未及时报案,致使事故基本事实无法查清的,机动车方应当负主要责任,非机动车、行人一方负次要责任。

(3)机动车与非机动车、行人发生交通事故后未立即停车,未保护现场,致使事故基本事实无法查清的,机动车一方负事故主要责任,非机动车、行人负次要责任。

3. 同等责任

因两方(或两方以上)当事人的违章行为共同导致交通事故的,其行为在事故中作用相当的,负同等责任。

(1)机动车、非机动车、行人发生交通事故,交通事故各方均有违章行为,且违章行为在交通事故中的作用基本相当的。

(2)发生交通事故后,各方均未立即停车及保护现场,致使交通事故责任无法认定的。

(3)当事人各方均有条件报案而未报案或未及时报案,使交通事故责任无法认定的。

4. 无责任

在交通事故中无过错、无违章的机动车、非机动车、行人等,不负责任。

(三)交通事故责任的认定

1. 交通事故责任认定的基本原则

交通事故认定,是公安机关交通管理部门根据交通事故现场勘验、检查、调查情况和有关检验、鉴定结论,对交通事故的基本事实、成因和当事人的责任作出的具体认定。交通事故认定,应掌握行为责任原则、因果关系原则、路权原则和安全原则。

1)行为责任原则

如果当事人对某一起交通事故负有责任,则必定因其由行为引起,没有实施行为的当事人不负事故责任。

交通事故认定是确定当事人行为在事故中所起作用程度的技术认定,在认定交通事故责任时,应实事求是地表述当事人行为在事故中所起作用的程度,不须考虑法律责任问题。

2)因果关系原则

认定交通事故责任时,必须认定哪些行为在事故中起作用及作用的大小。

(1)因果关系原则。要确定交通事故当事人的责任,其行为必须与事故有因果关系。交通事故认定是技术认定,在确定行为与事故因果关系时,只需要确定行为人的行为是否事实上属于事故的原因即可。

(2)直接原因原则。行为人的行为是实实在在地足以引起交通事故及损害后果发生的因素,它就构成事实上原因,即直接原因。交通事故认定作为技术认定,应载明事故发生的直接原因。

3)路权原则

路权原则即各行其道原则。各行其道原则是交通安全的重要保证,是交通参与者参与交通的基本原则。

4)安全原则

(1)合理避让原则。交通事故的形态千变万化,事故原因多种多样,交通参与者在享受通行权利的同时,如遇他人侵犯己方的合法通行权,必须做到合理避让,主动承担维护安全的义务。

(2)合理操作原则。交通参与者在参与交通运行时,为了保证交通安全,应主动杜绝一些法律法规未禁止,但有可能存在危险隐患的行为。如果实施了上述行为且造成了交通事故,应负事故责任。

5)结果责任原则

行为人的行为虽未造成交通事故的发生,但加重了事故后果,应负事故责任,即结果责任原则。

2.常见交通事故责任判定

车车事故占交通事故的60%以上,由于其突发性和偶然性因素较多,在出现事故时,车主往往不能正确识别事故责任。以下为常见事故图解,责任类型均是全责与无责。

(1)两车正常行驶,发生追尾,如图7-3所示:A车负全责,B车无责。

(2)未让行正常行驶的车辆强行并线而造成交通事故的,如图7-4所示:A车负全责,B车无责。

图7-3 追尾

图7-4 强行并线

(3)通过没有交通信号灯控制或没有交警指挥的交叉路口时,未让交通标志、交通标线规定优先通行的一方先行的,如图7-5所示:A车负全责,B车无责。

(4)通过没有交通信号灯控制或者交警指挥的交叉路口时,如未让右方道路的车辆先行而造成事故的,如图7-6所示:A车负全责,B车无责。

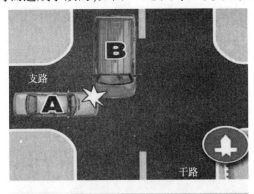

图7-5 支路让干线

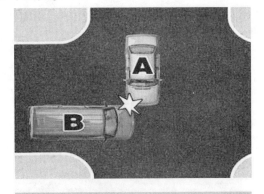

图7-6 路口让右侧

(5)通过没有交通信号灯控制或没有交通警察指挥的交叉路口时,如遇对向来车,左转弯车辆未让行直行车辆的,如图7-7所示:A车负全责,B车无责。

(6)通过没有交通信号灯的路口或者没有交通警察指挥的交叉路口时,相对方向行驶的右转弯车辆未让行左转弯车辆的,如图7-8所示:A车负全责,B车无责。

图7-7 转弯让直行

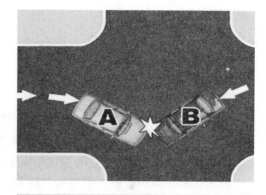
图7-8 右转让左转

(7) 绿灯亮起时,左转车辆未让被放行的直行车先行的,发生交通事故后,如图7-9所示:A车负全责,B车无责。

(8) 红灯亮时,右转弯车辆没有让直行车先行的,如图7-10所示:A车负全责,B车无责。

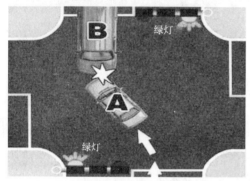
图7-9 转弯让直行

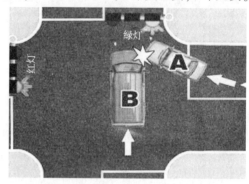
图7-10 右转让直行

(9) 在没有中心线或者没有中心隔离设施的道路上会车时,遇到障碍物的,有障碍的一方应让无障碍的一方先行,但有障碍的一方已经驶入障碍路段,无障碍一方未驶入时,无障碍一方未让有障碍一方先行的,如图7-11所示:A车负全责,B车无责。

(10) 在没有中心隔离设施,或者没有中心线的道路上会车时,下坡车辆未给上坡车辆让行的,如图7-12所示:A车负全责,B车无责。

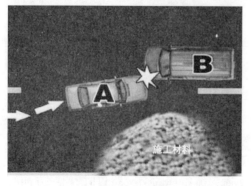
图7-11 有障碍让无障碍

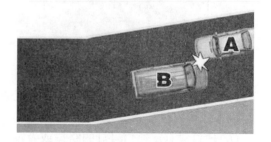
图7-12 下坡让上坡

(11) 在没有中心隔离设施或者没有中心线的狭窄山路上会车时,靠山体的一方未让另一方向行驶车辆先行的,如发生交通事故,如图7-13所示:A车负全责,B车无责。

(12) 进入转盘道(环形路口)的车没有让已在路口内的车辆先行,由此而造成的事故,如图7-14所示:A车负全责,B车无责。

图7-13 靠山车让悬崖车

图7-14 未进入让已进入

(13) 逆向行驶的车辆,如图7-15所示:A车负全责,B车无责。

(14) 超越前方正在左转弯车辆时,如图7-16所示:A车负全责,B车无责。

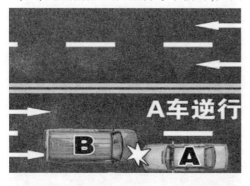

图7-15 逆行

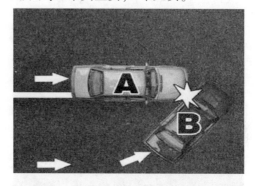

图7-16 超越转弯车

(15) 超越前方正在超车的车辆时发生事故的,如图7-17所示:A车负全责,B车无责。

(16) 在对面来车可能会车的时候超车而引发交通事故的,如图7-18所示:A车负全责,B车无责。

图7-17 超越超车车辆

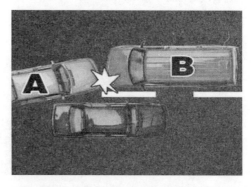

图7-18 会车时超车

(17) 行经交叉路口、窄桥、弯道、陡坡、隧道时超车的,如图7-19所示:A车负全责,B车无责。

(18) 在没有中心线或者同一方向只有一条机动车道的道路上,从前车右侧超越的,如图7-20所示:A车负全责,B车无责。

图7-19 交叉路口超车

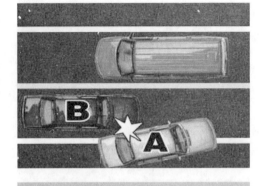

图7-20 右侧超车

(19) 在没有禁止掉头标志、标线的地方掉头时,未让正常行驶车辆先行的,如图7-21所示:A车负全责,B车无责。

(20) 在设有禁止掉头标志、标线的道路上以及在人行横道、桥梁、陡坡、隧道内掉头的,如图7-22所示:A车负全责,B车无责。

图7-21 掉头未让直行

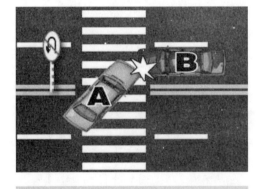

图7-22 违禁掉头

(21) 倒车时发生交通事故的,如图7-23所示:A车负全责,B车无责。

(22) 发生溜车的,如图7-24所示:A车负全责,B车无责。

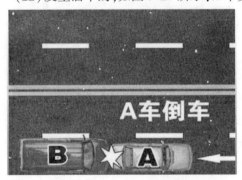

图7-23 倒车

图7-24 溜车

(23)违反规定,在专用车道行驶的,如图7-25所示:A车要负全责,B车无责。

(24)没有按照交通警察指挥通行的,如图7-26所示:A车负全责,B车无责。

图7-25　占用专用车道

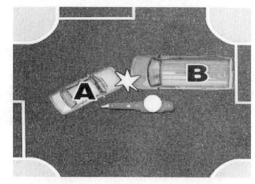

图7-26　不听从指挥

(25)在禁止行驶的道路行驶发生交通事故时,如图7-27所示:A车负全责,B车无责。

(26)闯红灯,如图7-28所示:A车负全责,B车无责。

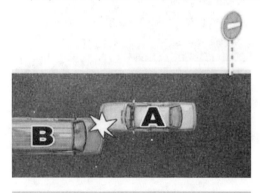

图7-27　违禁行驶

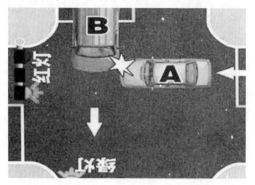

图7-28　闯红灯

(27)违章停车,如图7-29所示:A车负全责,B车无责。

(28)违反装载规定,致使货物超长、超宽、超高部分造成交通事故的,如图7-30所示:A车负全责,B车无责。

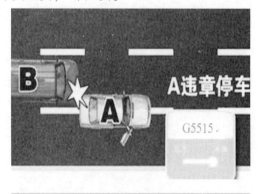

图7-29　违章停车

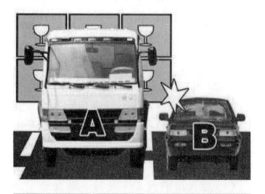

图7-30　超限车辆

(29)货车所装载的货物在车辆行驶中掉落、遗洒(撒)、飘散等过程中所造成的交通事故,如图7-31所示:A车负全责,B车无责。

图7-31　货物掉落

(30)违反导向标志指示行驶的,如图7-32所示:A车负全责,B车无责。

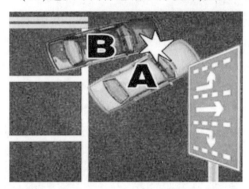 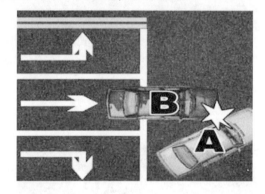

图7-32　不按导向标志行驶

二、任务实施

(一)任务目标

(1)能够与客户进行良好有效的沟通,了解客户的用车习惯,收集客户的用车信息。

(2)能够根据收集的客户用车信息,帮助客户厘清交通事故责任的划分。

(3)能够运用所学知识,结合客户实际情况,为客户分析其所面临的事故风险。

(4)能够灵活运用所学知识,帮助客户熟知交通事故定责等保险知识,正确规范地完成"交通事故责任认定表"的填写。

(二)准备工作

实训用车辆、"交通事故责任认定表"、多媒体交互教学系统(或软件)、模拟教具等。

(三)工作内容

运用所学知识,结合黄飞吉先生用车习惯的实际情况,帮助黄先生厘清交通事故责任划分的类型及认定方式。完成"交通事故责任认定表"(表7-1)。

考核要点:

(1)能否帮助黄先生充分了解交通事故的含义。

(2)能否为黄先生正确清楚地介绍交通事故的责任形式。

(3)能否帮助黄先生正确划分交通事故责任。

学习任务七　事故车辆的查勘与定损

交通事故责任认定表　　　　　　　　　　　表 7-1

事故案例	事故类型	责任划分	认定原则	划分原因
1.	1. 单车事故			
2.	2. 车车事故			
3.	3. 人车事故			
4.	4. 机非事故			
5.	5. 多车事故			
6.	6. 三者事故			

三、评价反馈

1. 自我评价

(1) 你能说出交通事故的类型吗？

____

(2) 你能独立完成对客户用车习惯信息的收集工作吗？

____

(3) 你能帮助客户认识交通事故的危害吗？

____

(4) 你能帮助客户正确认定交通事故责任吗？

____

2. 小组评价

(1) 你们小组在接到任务之后有明确的计划和清楚的步骤吗？

____

(2) 你们小组在完成任务过程中有明确的分工，每个成员均有事可做吗？

____

(3) 你们小组在完成任务过程中组员都积极参与、相互配合吗？

____

(4) 你们小组在完成任务过程中不断自检、及时改进吗？

____

3. 教师评价

(1) 小组综合表现：

____

(2) 优势：

____

(3) 待提升之处：

____

四、学习拓展

车主黄飞吉将车撞树上后,第一时间报了保险,并将受损车辆送到指定4S店进行定损维修,满怀期待地等待着自己的爱车康复。期间,他接到保险公司打来的电话,对方称:本次案件黄先生是全责,按规定,有20%的免赔,由于他未购买"不计免赔特约险"附加险,因此,本次车损的10000元,黄先生要自掏腰包2000元。请你给黄飞吉先生详细讲解一下免赔事项,各版保险条款的免赔率见表7-2。

各版保险条款的免赔率(%) 表7-2

险种	版本	318版保险条款				333版保险条款				335版保险条款			
		全责	主责	同责	次责	全责	主责	同责	次责	全责	主责	同责	次责
家庭自用车	机动车损失险	20	15	10	5	15	10	8	5	15	10	8	5
	机动车第三者责任险	20	15	10	5	20	15	10	5	20	15	10	5
	机动车车上人员责任险	20	20	20	20	0	0	0	0	15	10	8	5
非营业用车	机动车损失险	20	15	10	5	15	10	8	5	15	10	8	5
	机动车第三者责任险	20	15	10	5	20	15	10	5	20	15	10	5
	机动车车上人员责任险	20	20	20	20	0	0	0	0	15	10	8	5
营业用车	机动车损失险	20	15	10	5	15	10	8	5	15	10	8	5
	机动车第三者责任险	20	15	10	5	20	15	10	5	20	15	10	5
	机动车车上人员责任险	20	20	20	20	0	0	0	0	15	10	8	5
违反安全装载规定	家庭自用	20%				三者免赔10%				三者免赔10%			
	非营业车	20%				三者免赔10%				三者免赔10%			
	营业车	20%				车损免赔5% 三者免赔10%				车损免赔5% 三者免赔10%			
非指定驾驶人	家庭自用	6%				车损免赔10% 三者免赔10%				车损免赔10% 三者免赔10%			
	非营业车	6%				三者免赔10%				三者免赔10%			
	营业车	6%				三者免赔10%				三者免赔10%			

续上表

险种	版本	318 版保险条款				333 版保险条款				335 版保险条款			
		全责	主责	同责	次责	全责	主责	同责	次责	全责	主责	同责	次责
无主肇事	家庭自用	20%				车损免赔30%				车损免赔30%			
	非营业车	20%				车损免赔30%				车损免赔30%			
	营业车	20%				车损免赔30%				车损免赔30%			
约定行驶区域	家庭自用	—				10%				车损免赔10%			
	非营业车	—				10%				车损免赔10%			
	营业车	—				10%				车损免赔10%			
无法确定事故原因	家庭自用	20%				20%				车损免赔20%			
	非营业车	20%				20%				车损免赔20%			
	营业车	20%				20%				车损免赔20%			
多次赔付	家庭自用	从第四次起每次增加5%免赔率,每次递增,最高不超过30%				—				—			
	非营业车					—				—			
	营业车					从第三次起每次增加5%,未设上限				从第三次起每次增加5%,未设上限			
盗抢险	家庭自用	全车损失,在保险金额内实行20%绝对免赔率,未提供行驶证、购车发票、购置加税凭证,每少一项加3%免赔率,车钥匙每少一把加5%免赔率				全车损失的,在保险金额内按出险时实际价值的80%计算,未提供行驶证、登记证、购车发票、购置税凭证,每少一项加3%免赔率				发生全损,在保险金额内计算赔付,但不超过当时实际价值,免赔率为20%,未提供行驶证、登记证、来历证明、购置税证明,每少一项加1%免赔率,非指定驾驶人的,增加5%免赔率,在约定行驶区域外,增加10%免赔率			
	非营业车												
	营业车												

子任务 2　事故车辆的查勘

一、知识准备

(一) 事故车辆的查勘流程

1. 事故车辆查勘一般流程

事故车辆查勘的基本流程如图 7-33 所示。

2. 代查勘流程

代查勘操作流程如图 7-34 所示。

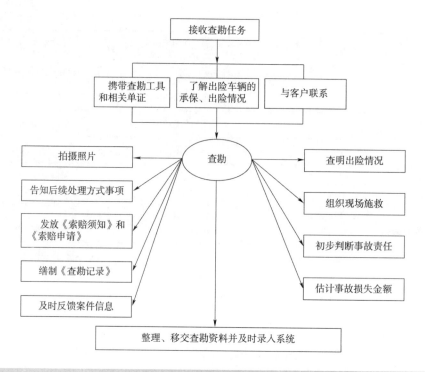

图 7-33　事故车辆查勘的基本流程

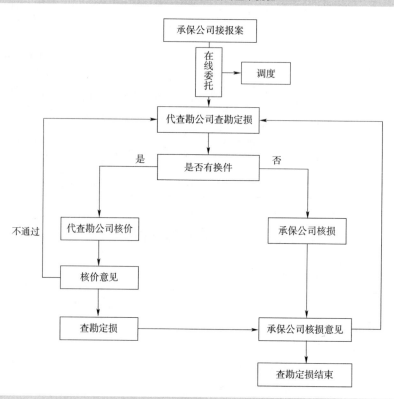

图 7-34　代查勘操作流程

3. 大案查勘流程

大案查勘流程如图 7-35 所示。

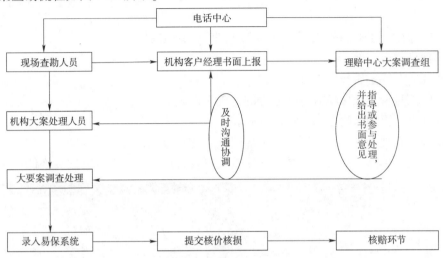

图 7-35 大案查勘流程

(二)现场查勘前的准备工作

查勘人员接到现场查勘调度派工后,应立即做好以下准备工作:

(1)接到现场查勘调度派工/短信后,需在 5min 内与报案人或被保险人进行联系,进一步核实查勘地点,约定预计到达时间。

(2)根据《机动车保险报案记录(代抄单)》了解出险车辆的承保、出险情况。

(3)携带相机等查勘工具和相关单证,赶赴查勘地点。须携带的单证有:《机动车保险索赔申请书》《机动车保险索赔须知》《机动车辆估损单》《查勘记录》及《询问笔录》等。

(三)赶赴查勘地点

(1)本市中心城区内应在 30min 内到达现场;本市周边地区应在 2h 内到达现场;省外无机构地区查勘,原则上应在两天内到达现场。

(2)到达查勘地点后,查勘员应及时向报案人或被保险人说明身份并出示有效证件。

(3)如果查勘标的与驾乘人员尚处于危险中,应立即协助客户采取有效的施救、保护措施,避免损失扩大。

(4)对于损失超过交强险责任限额或涉及人员伤亡的案件,应提醒事故当事人向交通管理部门报案。

(四)查勘工作的主要内容

1. 查明肇事驾驶人、报案人情况

(1)确认肇事驾驶人和报案人身份。

①查验肇事驾驶人的驾驶证或身份证,或通过交通管理部门对肇事驾驶人的身份进行确认,如图 7-36 所示。

图 7-36 查验报案人身份信息

②核实报案人、驾驶人与被保险人的关系。报案人为非被保险人的,查勘人员应索取被保险人联系方式,进行核实(对于报案人为修理厂的,要求重点向被保险人重新核实出险情况)。

(2)查验肇事驾驶人的驾驶证(图7-37),重点内容包括：

①驾驶证是否有效。

②驾驶的车辆是否与准驾车型相符。

③驾驶人是否是被保险人或其允许的驾驶人。

④驾驶人是否为保险合同中约定的驾驶人。

⑤特种车驾驶人是否具备国家有关部门核发的有效操作证。

⑥营业性客车的驾驶人是否具有国家有关行政管理部门核发的有效资格证书。

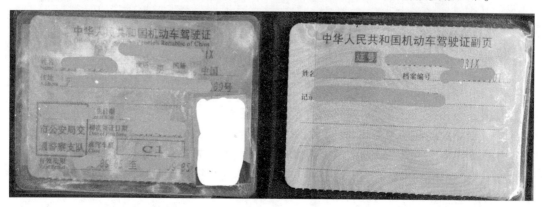

图7-37 查验驾驶人证件信息

(3)准确记录被保险人或驾驶人的联系方式。

2. 查验出险车辆情况

1)查验保险车辆信息

查验保险车辆的保险情况,号牌号码、牌照底色、发动机号、VIN/车架号、车型、车辆颜色等信息,并与保险单、证(批单)以及行驶证所载内容进行核对,如图7-38所示。

图7-38 查验保险车辆信息

2)查验第三方车辆信息

涉及第三方车辆的,应查验并记录第三方车辆的号牌号码、车型、车架号,以及第三方车辆的交强险保单号、驾驶人姓名、联系方式等信息。

3)查验保险车辆的使用性质

(1)车辆出险时使用性质与保单载明的是否相符。

(2)是否运载危险品。

(3)车辆结构有无改装或加装;是否有车辆标准配置以外的新增设备。

(4)货运车辆是否超载。

3．查明出险经过

1)核实出险时间

(1)对出险时间是否在保险有效期限内进行判断,对接近保险起讫期出险的案件,应特别慎重,认真查实。

(2)对出险时间和报案时间进行比对,是否超过48h。

(3)了解车辆启程或返回的时间、行驶路线、委托运输单位的装卸货物时间、伤者住院治疗的时间等,以核实出险时间。

2)核实出险地点

(1)查验出险地点与保险单约定的行驶区域范围是否相符。

(2)对擅自移动现场或谎报出险地点的,要进一步调查。

3)查明出险原因

(1)结合车辆的损失状况,对报案人所陈述的出险经过的合理性、可能性进行分析判断,积极索取证明、收集证据。

(2)注意驾驶人是否存在饮酒、醉酒、吸食或注射毒品、被药物麻醉后使用保险车辆的情况;是否存在超载情况;是否存在故意行为。必要时应协同公安交管部门获取相应证人证言和检验证明。

(3)对存在疑点的案件,应对事故真实性和出险经过进一步调查,必要时向相关人员进行笔录询问。

(4)如被保险人未按条款规定协助保险人勘验事故各方车辆,证明事故原因,应在查勘记录中注明。

(5)对于单方事故,应认真核对事故痕迹、做好询问笔录;没有事故现场又缺乏充分证据证明事故经过的,按找不到第三方处理。

4．查明事故损失情况

1)确定损失类型

对调度的损失类型进行确认,如经查勘发现标的损失类型与实际不符的,要在备注中加以说明,并及时反馈专线人员进行处理。

2)估计事故损失金额

(1)查明受损标的的损失程度。

(2)估计受损标的涉及的各类损失金额,并逐项在查勘记录中填写。

3)记录、核定施救情况

(1)机动车、其他财产是否需要施救的,如施救的应记录被施救财产的名称、数量、施救方式、施救路程,并告之施救标准。

(2)被施救财产已经施救的,应在查勘记录中记录已发生的施救费用。

(3)与被保险人或其代理人当场协商确定施救费用的,应在查勘记录中注明,并双方签字确认。

5. 初步判断保险责任

1)对事故是否属于保险责任进行初步判断

应结合承保情况和查勘情况,分别判断事故是否属于机动车交通事故责任强制保险或商业机动车保险的保险责任,对是否立案提出建议。

暂时不能对保险责任进行判断的,应在查勘记录中写明理由,向被保险人尽到告知义务。

2)初步判断事故涉及的险别

查勘人员应根据事故涉及的损失类别、各损失类别的估计损失金额和出险车辆的承保险别,初步判断事故涉及的险别。

3)初步判断责任划分情况

(1)交警部门介入事故处理的,依据交警部门的认定。

(2)当事人根据《交通事故处理程序规定》和当地有关交通事故处理法规自行协商处理交通事故的,应协助事故双方协商确定事故责任并填写《协议书》。

(3)当事人自行协商处理的交通事故,应根据协议书内容,结合当地有关交通事故处理法规核实事故责任。发现明显与实际情况不符,缩小或扩大责任的协议,应要求被保险人重新协商或由交警出具交通事故认定书。

6. 拍摄事故现场、受损标的照片

(1)凡涉及车辆和财产损失的案件,必须进行拍照。

①第一现场查勘的,应有反映事故现场全貌的全景照片,反映受损车辆号牌号码,车辆、财产损失部位、损失程度的近景照片,如图7-39、图7-40所示。

图7-39 事故现场全景照片

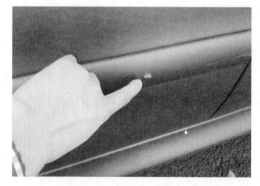

图7-40 受损部位近景照片

②非第一现场查勘的,事故照片应重点反映受损车辆号牌号码,车辆、财产损失部位、损失程度的近景照片,如图7-41所示。

(2)拍摄相关证件及资料。

①保险车辆的行驶证(客运车辆准运证)、驾驶人的驾驶证(驾驶客运车辆驾驶人准驾证,特种车辆驾驶人操作资格证),如图7-42所示。

②拍摄保险车辆的车架号。必要时对发动机号和车架号进行拓印,如图7-43所示。

学习任务七　事故车辆的查勘与定损

图7-41　非第一现场查勘照片

图7-42　拍摄相关资料

图7-43　拍摄车辆车架号

7. 缮制查勘记录

（1）根据查勘内容认真填写《查勘记录》，并争取报案人签字确认。

（2）重大、复杂或有疑点的案件，应在询问有关当事人、证明人后，在《机动车保险车辆事故查勘询问笔录》中记录，并由被询问人签字确认。

（3）重大、出险原因较为复杂的赔案应绘制《机动车保险车辆事故查勘草图》。现场草图要反映出事故车方位、道路情况及外界影响因素。

（4）对属于小额简易赔案的，填写简易案件单证，优先处理。

8. 指导客户进行案件后续处理

（1）告知后续理赔流程。发生机动车之间的碰撞事故的，查勘员应告知客户先通过交强险进行赔偿处理，超过交强险责任限额的部分，由商业保险进行赔偿。

（2）出具《机动车保险索赔须知》。

①在《机动车保险索赔须知》中完整勾选被保险人索赔时需要提供的单证。

②《机动车保险索赔须知》经查勘员、被保险人或报案人确认签字后交被保险人或报案人。

(3) 指导报案人填写《机动车保险索赔申请书》。查勘员应指导报案人填写《机动车保险索赔申请书》,告知报案人交被保险人签名或盖章后,在提交索赔单证时一并向保险人提供。

(4) 约定定损时间和地点。

①查勘时不能当场定损的,查勘人员应与被保险人或其代理人约定定损的时间、地点。

②对于事故车辆损失较重(单车车损在3000元以上),需拆检后方能定损的案件,应安排车辆到拆检定损点集中拆检定损。

(5) 告知被保险人或第三者提供或准备用于接收赔款的有效账户信息(图7-44)。

图7-44 提供车主的银联卡信息

二、任务实施

(一) 任务目标

(1) 能够与客户进行良好有效的沟通,了解事故车辆信息。

(2) 能够灵活运用所学知识,与团队一起帮助客户解决事故车辆的查勘工作,并完成相关的工作报告。

(二) 准备工作

实训用车辆、机动车保险出通知书、查勘工作报告、机动车辆保险索赔申请书、多媒体教学环境、模拟教具、照相机、常规文具、资料等。

(三) 工作内容

根据黄飞吉先生报案提供的信息,模拟现场,完成对该事故车辆的查勘工作。

考核要点:

(1) 能否与客户黄飞吉先生进行良好有效的沟通,沟通过程中注意礼仪,体现专业性。

(2) 能否按照客户黄先生的报案,完成"机动车出险通知书"的填写(表7-3)。

(3) 运用所学知识,能否配合团队,完成"查勘工作报告"的填写(表7-4)。

(4) 能否指导黄先生完成"机动车辆保险索赔申请书"的编制(表7-5)。

报案编号：		机动车辆保险出险通知书			表 7-3	
被保险人				联系电话		
交强险保单号				商业保险保单号		
厂牌型号				车牌号码		
发动机号				车架号码		
出险时间		年 月 日 时 分		出险地点		
报案时间		年 月 日 时 分		是否第一现场报案		□是 □否
保险期限		自　　年　月　日零时起 至　　年　月　日二十四时止				
事故类型		□单方　□双方　□其他		车辆初次登记日期		年　月　日
使用性质		□家庭自用　　□非营业　　□营业　　□摩托车、拖拉机　　□特种车				
处理方式		□交警　　□保险公司　　□自行处理　　□其他事故处理部门				
驾驶人				联系电话		
驾驶证号				准驾车型		
有无人伤		□有（伤：　人 亡：　人） □无		三者交强险 承保公司		
出险经过：（请您如实报告事故经过，报案时的任何虚假、欺诈行为，均可能成为保险人拒绝赔偿的依据。）						
损失及施救情况： 查勘员签字： 　　　　　　　　　年　月　日				《机动车辆保险索赔告知》已告知。 驾驶人签字： 报案人签字： 被保险人签字(盖章)： 　　　　　　　　　年　月　日		

查勘工作报告　　　　　　　　　　　　　　　　　　　　　　　　　　　　表 7-4

保险事故	查勘方式	损失形式	查勘准备	查勘内容
1.	1.	1.		
2.	2.	2.		
3.	3.	3.		
4.	4.	4.		
5.	5.	5.		
6.	6.	6.		

机动车辆保险索赔申请书　　　　　　　　　　表7-5

被保险人			
牌照号码		厂牌型号	
交强险保单号码		商业保险保单号码	
出险时间		出险地点	
出险原因		出险驾驶人	
驾驶证号码		准驾车型	

出险经过及损失情况

　

　

　

以下信息单位承保客户必须填写

开户行：　　　　　　　　　　　　　账号：

兹声明本人填写的资料均为真实情况，没有任何虚假和隐瞒，否则愿承担相应的法律责任。现就本次事故向贵公司提出正式索赔。

被保险人(索赔权益人)签章：

年　　　月　　　日

联系人：　　　　电话：　　　　地址：　　　　邮编：

重要申明：

保险人受理报案、现场查勘定损、参与诉讼、进行抗辩、向被保险人提供专业建议等行为，均不构成保险人对赔偿责任的承诺。

24h客户服务电话：9090990

三、评价反馈

1. 自我评价

(1)你能说出事故车辆查勘的流程吗？

(2)你能独立完成对客户用车信息的收集工作吗？

(3)你能帮助客户准确查勘事故车辆吗？

(4)你能帮助客户规范填写索赔申请单吗？

2. 小组评价

(1)你们小组在接到任务之后组内讨论如何完成任务并制订明确的计划了吗？

(2)你们小组在完成任务过程中有明确的分工，并按制订的计划分步骤实施吗？

(3)你们小组在完成任务过程中组员都积极参与、相互配合默契吗？

(4)你们小组在完成任务过程中体现专业性，并锻炼了沟通表达能力吗？

3. 教师评价

(1)小组综合表现：

(2)优势：

(3)待提升之处：

四、学习拓展

车主黄飞吉将事故车辆开到非指定维修厂，委托维修厂报案理赔。案件受理后，保险查勘人员到厂进行查勘，发现维修厂有骗保嫌疑，于是启动了核损核赔程序。迟迟未能取到车的黄先生致电保险公司为什么还未赔付。作为保险专员的你，如何向黄先生解读保险公司的核赔条款及内容？保险公司核赔内容见表7-6。

保险公司核赔内容　　　　　　　　　　　　　表7-6

	保险公司核赔内容
单证审核	(1)确认被保险人按规定提供的单证、证明及材料是否齐全有效，有无涂改、伪造。
	(2)经办人员是否规范填写赔案有关单证并签字，必备单证是否齐全。
	(3)签章是否齐全。
	(4)所有索赔单证是否严格按照扫描、录入、上传。
核定保险责任	(1)被保险人是否具有保险利益。
	(2)出险车辆的厂牌型号、牌照号码、发动机号、车架号与保险单证所载是否相符。
	(3)驾驶人是否为保险合同约定的驾驶人。
	(4)出险原因是否属保险责任；赔偿责任是否与承保险别相符。
	(5)出险时间是否在保险期限内。
	(6)事故责任划分是否准确合理。

续上表

核定车辆损失赔款	(1) 车辆定损项目、损失程度是否准确、合理
	①修理范围仅限于本次事故所造成的车辆损失。
	②区分事故损失和机械损失的界限。
	③能修复的零配件，尽量修复，不要随意更换新的零配件。
	④能局部修复的不能扩大到整体修理(主要是对车身表面漆的处理)。
	⑤能更换零配件的坚决不能更换总成件。
	⑥及时掌握和了解当地修理厂的工时定额标准和工时费用水平，根据修理工艺难易程度准确核定修理费用。
	⑦当车辆的修复费用已接近或超过车辆的实际价值时，本着双方协商的态度，作推定全损处理。
	(2) 更换零部件是否按规定进行了询报价，定损项目与报价项目是否一致。
	(3) 换件部分与赔款金额是否与报价金额相符。
	(4) 残值确定是否合理。
核定人员伤亡赔款	根据查勘记录、调查证明和被保险人提供的"事故责任认定书""事故调解书"及伤残证明，依照国家有关道路交通事故处理的法律、法规规定和其他有关规定进行审核。
	(1) 核定伤亡人员数、伤残程度是否与调查情况和证明相符。
	(2) 核定人员伤亡费用是否合理。
	(3) 被抚养人、年龄是否真实，生活费计算是否合理、准确。
核定财产损失赔款	(1) 对于财产损失应区分直接或间接的界限，对处罚损失、违章建筑、正常的路面损坏或塌陷及"三停"损失、利润损失应予剔除。
	(2) 财产损失金额应根据造价预算、成本价、折旧后的实际价值确定。
	(3) 市政设施按制造成本和安装费用之和计算赔偿。
	(4) 路产按道路维修及设施修复费用标准确定相关预算计算赔偿。
	(5) 建筑物则通过招标确定维修或修复造价预算计算赔偿，对于违章或非法建筑应视情处理。
	(6) 农作物比照当地农作物的正常单位产量及国家收购价来计算赔偿。
	(7) 牲畜：未失去使用价值的，应就地治疗，按实际治疗费用计算赔偿。受伤或失去使用价值的，凭区、县兽医院或牲畜交易管理机关的证明和鉴定，折价赔偿。对于无主牲畜，原则不予赔偿。
	(8) 其他财产的损失应根据实际价值来确定赔偿金额。
核定施救费用	(1) 界定施救费用的必要性。
	(2) 核定施救费用金额合理性。
	(3) 审核施救费用单证有效性。
审核赔付计算	(1) 审核赔款计算是否符合条款规定的计算方法。
	(2) 责任比例、免赔率、不足额投保的比例计算是否准确。
	(3) 险种计算公式应用是否准确。

子任务 3　事故车辆的定损

一、知识准备

（一）事故车辆定损的基本流程

事故车辆定损一般包含定损受理、查勘定损和定损复勘三个环节。其每个环节的操作流程分别如图 7-45～图 7-47 所示。

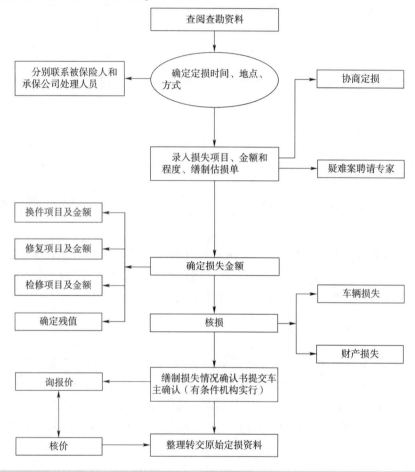

图 7-45　事故车辆定损受理流程

（二）定损原则

1. 以修为主原则

定损要实事求是，合情合理。损伤部件以修复为主，不轻易更换车身外形件、动力元件及电子器件。根据当地经济水平和维修工时合理确定定损价格。

2. 共同定损原则

涉及两家或两家以上的保险公司同时对同一车辆或财产定损时，各方保险公司应本着实事求是、相互信任、相互尊重、友好协商的原则，共同确定损失金额。

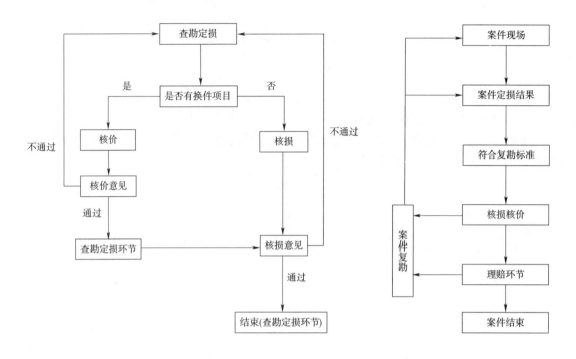

图 7-46　事故车辆查勘定损流程　　　　图 7-47　事故车辆定损复勘流程

3. 责任优先原则

事故涉及多家保险公司的,各保险公司对各自承保车辆对应的第三者车辆或财产损失都有权进行查勘定损。如果事故各方损失在交强险的赔偿限额内,应以承保交强险的保险公司的定损意见为主。如果事故各方损失超过交强险的赔偿限额,应以承担赔偿责任大的承保商业险的保险公司的定损意见为主。

4. 完整定损原则

定损时,如果事故应由多家保险公司共同处理,但存在一家或多家保险公司因故未到,查勘定损人员应对事故涉及的各类财产损失进行完整确认。即不论在哪家公司承保、不论财产损失是否超过交强险的责任限额,都应分类确认全部的损失金额。车辆损失情况确认书一车一份,由事故各方当事人和参与事故处理的各保险公司定损人员共同签字确认。

5. 自主选择原则

定损完毕后由被保险人自行选择维修企业修理。被保险人要求提供维修厂家的,向被保险人推荐不少于三家、具有二级以上资质的维修企业,由被保险人选择。

6. 一次定损原则

原则上应对受损车辆一次定损完毕。待定待查项目要在定损单上列明。对遗漏项目或待定待查项目确需二次定损的,要认真确定保险责任内的损失。

7. 外包修复原则

配件购买困难的,可采取一次性包干修复的方式进行定损处理。

(三)车辆定损

1. 定损前的准备工作

(1)查阅查勘记录(图7-48),了解承保情况、出险情况.应特别注意查阅承保车型、事故照片,以及是否承保新增设备、近期是否出险等。

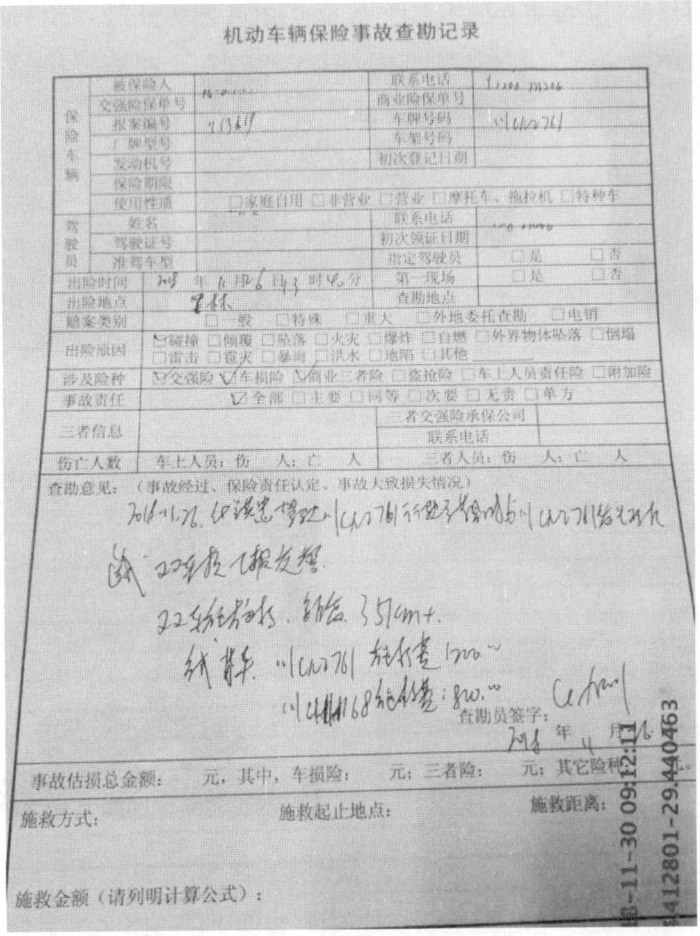

机动车辆保险事故查勘记录

保险车辆	被保险人		联系电话	
	交强险保单号		商业险保单号	
	报案编号		车牌号码	
	厂牌型号		车架号码	
	发动机号		初次登记日期	
	保险期限			
	使用性质	□家庭自用 □非营业 □营业 □摩托车、拖拉机 □特种车		
驾驶员	姓名		联系电话	
	驾驶证号		初次领证日期	
	准驾车型		指定驾驶员	□是 □否
出险时间		年 月 日 时 分	第一现场	□是 □否
出险地点			查勘地点	
赔案类别		□一般 □特殊 □重大 □外地委托查勘 □电销		
出险原因		☑碰撞 □倾覆 □坠落 □火灾 □爆炸 □自燃 □外界物体坠落 □倒塌 □雷击 □雹灾 □暴雨 □洪水 □地陷 □其他		
涉及险种		☑交强险 ☑车损险 ☑商业三者险 □盗抢险 □车上人员责任险 □附加险		
事故责任		☑全部 □主要 □同等 □次要 □无责 □单方		
三者信息			三者交强险承保公司	
			联系电话	
伤亡人数		车上人员：伤 人；亡 人	三者人员：伤 人；亡 人	

查勘意见：（事故经过、保险责任认定、事故大致损失情况）

查勘员签字：

年 月 日

事故估损总金额： 元，其中，车损险： 元；三者险： 元；其它险种： 元

施救方式： 施救起止地点： 施救距离：

施救金额（请列明计算公式）：

图7-48　查阅查勘记录

(2)携带照相机、计算机等定损工具和相关单证,在约定的时间到达定损地点(图7-49)。

图7-49　带齐设备到现场

2. 确定车辆损失情况

车辆定损应会同被保险人和第三者车损方核定,并在定损结束后由所涉及的当事各方签字确认。

(1)确定保险车辆和三者车辆受损部位、损失项目、损失程度。

①应注意区分本次事故和非本次事故造成的损失,事故损失和自然磨损的界限。

②注意对保险车辆标准配置以外的新增设备进行区

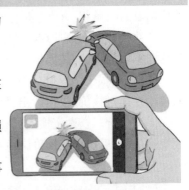

分;并分别确定损失项目和金额。

③损失严重的应进行拆检定损。

④超过本级处理权限的,应及时报上级进行定损。

(2)损失拍照。照片应清晰反映车辆整体、局部损失情况和损失程度(图7-50)。对价值较高的受损零部件和需要更换的零部件,应单独拍照(图7-51)。

图7-50　三张完整的现场照片

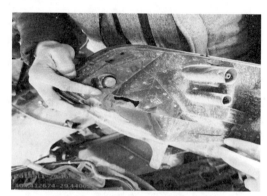

图7-51　重点损失单独拍照

(3)与客户协商确定修理方案,包括换件项目、修理项目、检修项目和残值归属。

①坚持修复为主的原则。告知车方如扩大修理,或应修部件改为更换时,超出部分的费用应由其自行承担,并在《机动车保险车辆损失情况确认书》中注明。

②协商确定残值处理方式。残值折归被保险人的,应合理作价,并在定损金额中扣除;我公司回收残值的,按照损余物资处理规定做好登记、移交工作。

③出具《损失情况确认书》。查勘定损人员在定损时出具《机动车辆估损单》,具备条件的机构在通过核价、核损后出具《损失情况确认书》,并请客户签字确认。

④询报价。查勘定损人员在核对完车辆信息、修理单位信息后,对需要更换配件项目完成询价、报价后提交至核价岗审核。

3. 车辆送修

(1)应主动向被保险人推荐与我公司建立合作关系的协作单位。

(2)投保人在投保时选择专修厂维修,应推荐具有保险车辆专修资格的维修单位。

(3)被保险人要求推荐、招标修理厂修理的,推荐、招标的修理厂应尽量选择资质为一级的汽车修理厂或专业汽车维修站,不得选择资质低于二级的汽车修理厂。

4.修复车辆的复检

(1)事故车辆单车损失在10000元(含)以上、单个换件在2000元以上、更换争议较大的损案,修复完工,客户提取车辆之前,必须对车辆复勘,即对维修方案的落实情况、更换配件的品质和修理质量进行检验。以确保修理方案的实施,零配件修理、更换的真实性,防范道德风险的发生,保证被保险人的利益。

(2)复检的结果应在定损单上注明。如发现未更换定损换件或未按定损价格更换正厂件,应在定损单上扣除相应的差价。

5.车辆损失标的定损系统录入要求

1)零配件与修理项目的选择

车辆损失零配件的更换需从"精友车型"中查找到与定损车辆一致的车型后,"进入标准配件"进行更换项目的确定。

"修理项目"可选择所需修理配件名称后填写价格或自定义修理名称方式录入价格。

每一项零配件与修理项目都应选择对应的险别。定损界面中系统会带出查勘环节选择的险别,其中:对于三者标的的损失项目,系统默认对应到交强险责任限额,定损人员应对每一项"配件名称"和"修理项目"均选择对应到交强险责任限额并录入相应的损失金额,提交后由系统自动将溢出部分损失金额归入商业三者险下。除非定损员能明确获知案件损失仅与商业车险相关险别有关,定损员方可将损失金额录入商业车险对应险别项下。

2)等待核价

定损提交后,系统将案件提交到核价岗审核。对于核价项目或金额有异议的案件,核价人员将案件退回定损人员,定损人员必须当天完成修改处理后重新提交核价岗审核。

3)等待核损

如定损金额超过定损人员权限的,案件自动发送至核损岗审核;如定损人员对于自己的定损内容把握不准确,也可以手工强制发送核损岗审核。对于核价状态显示为结束的案件要及时提交至核损岗审核。核损人员将案件退回定损人员,定损人员必须当天完成修改处理后重新提交核损岗审核。

4)退回查勘

定损人员对查勘内容有异议的定损任务,可以将该任务退回到查勘环节,要求查勘人员补充相关资料和修改相关信息。

5)特殊案件处理

(1)"互碰自赔"案件,主车车损录入新增主车标的任务中,选择"每次事故财产损失"选项,并将相关材料上传系统。

(2)无责代赔案件。无责代赔案件,由定损员在本车车损任务的"无责每次事故财产损失"下录入第三者车辆的损失金额。

(四)信息核实

(1)进入核损界面,直观了解案件信息、查勘信息、修理厂信息,定损人员是否按标准要求填写规范和完全。

(2)点击查勘信息,进入查勘界面,了解报案信息和保单信息,还可进一步点击更多报案信息和更多保单信息,核实被保险车辆出险情况和承保情况。

(3)通过报案信息核实客户报案是否与承保信息上的承保单位、驾驶人或被保险人所填出险通知与报案记录是否一致。

(4)通过承保信息了解被保险车辆承保比例,以确定标的是否还有修复价值。

(5)核对查勘定损人员录入保险责任是否正确,本案是否属于保险责任。

(6)核对易保系统定损人员录入换件项目是否与定损书一致。

(7)选取所附上传文档,展开文档照片,核实查勘定损人员上传纸质资料是否按核损标准要求上传。

(8)点击该车历史出险次数,比对被保险车辆以前出险照片是否与本次有相同照片,重复换件项目和车辆受损部位有相同照片即时锁定照片,退回查勘定损,随时跟踪此案动态。

(五)车损核损

1.车辆部分损失的复核

(1)查查勘员、定损员上传资料的完整性。如上传资料不能完整反映事故损失的各项内容,或照片不能完整反映事故损失部位和事故全貌,应通知查勘员、定损员补充相关资料。

(2)换件项目的复核。复核换件项目的重点是:

①剔除应予修复的换件项目(修复费用超过更换费用的除外)。

②剔除非本次事故造成的损失项目。

③剔除可更换零部件的总成件。根据市场零部件的供应状况,对于能更换零配件的,不更换部件;能更换部件的,不更换总成件。

④剔除保险车辆标准配置外新增加设备的换件项目(加保新增设备损失险除外)。

⑤剔除保险责任免除部分的换件项目。如车胎爆裂引起的保险事故中所爆车胎,发动机进水后导致的发动机损坏,自燃仅造成电器、线路、供油系统的损失等。

⑥剔除超标准用量的油料、辅料、防冻液、制冷剂等。如需更换汽车空调系统部件的,制冷剂未漏失,可回收重复使用处理等。

(3)车辆零配件价格的复核。

①车辆零配件价格的复核应根据定损系统价格,参考当地汽配市场价格核定。

②对于保单有特别约定的,按照约定处理。如专修厂价格,国产或进口玻璃价格等。

③残值归被保险人的,对残值作价金额进行复核。

④残值需要回收的核对残值标签,未按规定贴残值标签的一律回退。

(4)维修项目和方式的复核。

①应严格区分事故损失和非事故损失的界限。剔除非本次事故产生的修理项目。

②应正确掌握维修工艺流程,剔除不必要的维修、拆装项目。

(5)维修工时和单价的复核。

①对照事故照片及修理件的数量、损坏程度,剔除超额工时部分。

②以当地的行业维修工时标准为最高上限,参照出险地当时的工时市场单价,剔除超额单价部分。

(六) 车辆核损结果的处理

(1) 核准定损。核损人员核准定损员初(估)定损后,并在系统中签署核准意见,提交完成核损。

(2) 修订定损。核损人员修订或改变定损员初(估)定损方案和定损金额之后,并在系统中备注核损意见提交核损人员退回定损人员。

(3) 安排复检(实地查看)。在系统中备注核损意见退回查勘,组织核损人员赴现场复勘。如发现未更换定损时确定更换的配件或未按定损价格更换正厂件,应在定损单上扣除相应的差价。

(4) 补充材料(信息不充分)。在系统中备注补充材料内容后,退回查勘定损人员补充材料后重新上报审核。

赔付确认书如图7-52所示。

(七) 复勘案件范围

凡单车车损定损金额10000元(含)以上的案件、更换单件金额2000元以上的案件、换件争议较大的案件,三者物损定损金额20000元以上的案件;核损及相关环节对案件的出险时间、原因、经过及损失情况等提出异议的案件,需进行案件复勘。

1. 复勘工作质量要求

1) 查勘定损环节

案件查勘定损结束,系统录入提交后,对符合复勘标准的案件,由该案处理人员填写案件复勘申请表,提交机构客户服务部。

2) 案件复勘环节

机构客户服务部根据案情合理安排复勘人员,原则上由机构大案处理人员进行复勘。

对案件进行复堪、复勘人员要对案情进行整体核实、分析(包括:出险时间、原因、经过及事故现场的周围环境)。

要对照现场照片仔细查验损失情况。

要对照估损单、定损照片核实受损换件情况。

对比新旧换件进行拍照留档。

对复勘案件作出准确认定并给出复勘报告。

复勘人员将复勘报告、照片整理完毕后及时提交机构到前台受理人员,由受理人员负责系统录入。

根据案件复勘报告意见,对复勘无异议的案件,受理人员只负责系统复勘资料的录入,案件处理流程不发生变化;对复勘提出异议的案件,由机构未决管理人员进行案件系统的任务改派,查勘定损人员按照复勘意见,在系统内进行修改(包括:金额、换件项目、数量等)。

复勘报告必须在核赔通过之前录入系统。

复勘仔细、准确、针对性强。

复勘报告意见明确、照片清晰。

2. 复勘时效要求

(1) 复勘必须在车辆损失确定后、维修完毕交车出厂之前。

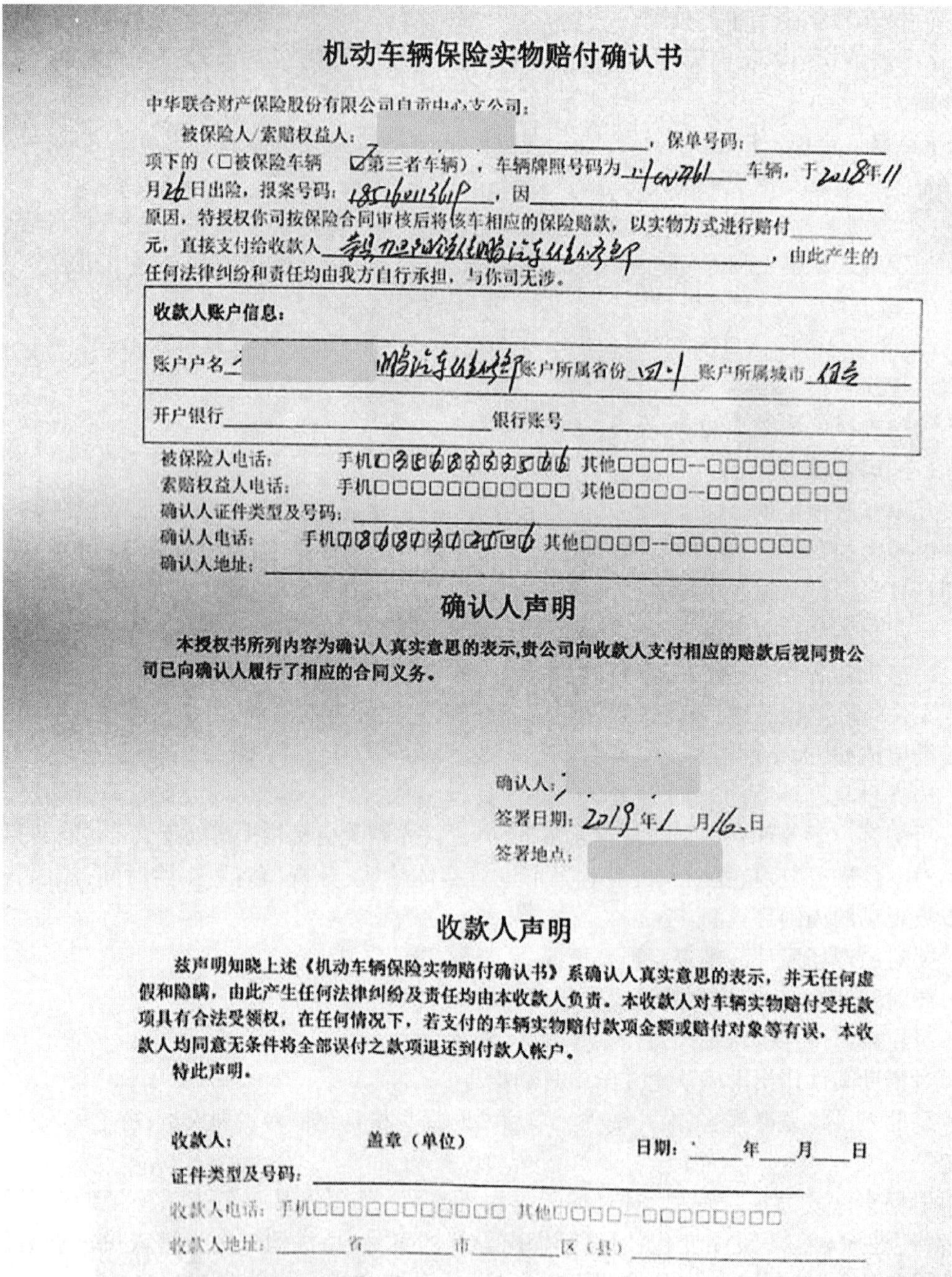

图7-52 赔付确认书

（2）符合复勘要求的案件必须事先预约，确定复勘时间。
（3）接到复勘任务必须立即出发前往复勘，必要时事先约定复勘时间。
（4）复勘完毕当天之内出具复勘报告，与复勘照片等一同录入系统。
（5）对复勘有异议的，复勘完毕立即通知案件状态所在环节将案件进行回退或者改派，按照复勘意见修改处理后按照流程提交处理。

(八)车险人伤医核各环节流程

1. 人伤案件查勘环节

由全险种一线查勘员完成。主要任务:现场查勘及初步医院查勘,预估损失,查勘必须1日内完毕,系统操作完成立案前人伤查勘任务后,提交并改派给中支人伤跟踪定损员。

2. 工作要求及工作质量要求

(1)人伤案件必须查勘现场,确定事故的真实情况,是否属于保险责任。熟记条款尤其是责任免除条款。

①确定出险时间、地点、原因、经过、人员伤亡情况、事故处理经过。

②确定保险标的,车架号是否和承保车辆相符合。

③确定伤者是车上人员还是三者人员。

④确认人员出险时就座的位置(特别是摩托车三者人伤情况),可通过事故现场、周围人员调查等方式确定。

⑤了解驾驶人是否酒后驾驶(明确要求交通管理部门做血醇浓度检测,驾驶人血液中的酒精含量大于或等于80mg/100mL的行为属于醉酒驾车;大于或等于20mg/100mL、小于80mg/100mL的行为属于饮酒驾车)。查是否有调包现象。

⑥查看驾照及行驶证是否过期(为防止无效驾照事后补可使用对照当天报纸拍照法固定日期)。

⑦查是否系被保险人故意制造道路交通事故。核对现场痕迹,包括碰撞部位、方向、毛发、血迹等。

⑧确定是否有使用性质改变、车辆转让保险未过户等情况。

⑨拍摄现场全景、痕迹、人伤部位、标的车车牌、标的车车架号等。

⑩出险情况询问笔录(包括所有有疑点的查勘要素问询记载并让被问询方签字确认,有可能免赔的情况必须在问询笔录里落实体现,这是要进入下一步跟踪调查程序的基础要件)。

(2)如果第一现场已经撤离,要进行第一现场复勘。同时到标的车、三者车停车点,到医院进行查勘。损失金额达2万元以上的案件,无第一现场必须实地复勘。

(3)小额人伤案件,做好现场查勘,确定保险责任,争取现场一次性处理。

(4)现场查勘人员发现死亡、重伤住院留观病人必须第一时间向人伤跟踪定损员反馈伤者情况,为下一步人伤跟踪做好准备。

(5)初步医院查勘。

3. 人伤案件跟踪环节

主要由人伤跟踪定损员完成。主要任务:复勘、医院调查、跟踪调查,预估损失,系统操作完成人伤跟踪任务。

查勘员人伤查勘任务提交后,人伤跟踪人员从任务列表中领取跟踪任务后,可以进入人伤跟踪界面进行操作。

工作要求及工作质量要求:

(1)人伤案件跟踪调查,本地案件第一次应当在伤者住院后2个工作日内完成。轻微人伤,应当在伤者出院前进行第二次跟踪调查。

(2)重伤人员,跟踪调查至少3~4次,分别为出险后2个工作日内、治疗中期、出院前、伤残等级评定前后。视伤情、案情适当引导至已与我司签约的协作医院。伤情极重的案件(手术或医疗费估计在2万元以上的案件)首月至少跟踪2次,复勘应注重病情、治疗、费用的变化以及第一次查勘遗漏的细节。

二、任务实施

(一)任务目标

(1)能够与客户进行良好有效的沟通,了解客户出险信息,确认案件要素。
(2)能够根据查勘记录、现场定损车辆及人员伤亡损失。
(3)能够运用所学知识,结合实际案情,为客户准确定损,解决车辆受损赔付问题。
(4)能够灵活运用所学知识及查询网络等,完成人伤案件的单据填写。

(二)准备工作

实训用车辆、保险理赔单据、照相机、查勘记录表、多媒体教学系统、模拟教具等。

(三)工作内容

与客户亲切交流,运用自己所学知识,协助客户完成"机动车人伤案件保险索赔须知确认表"(表7-7);调查案件过程,并做好调查笔录(附件一);填写"人伤调查报告"(表7-8);模拟签订人伤机动车保险一次性赔偿协议(附件二);并跟踪伤者后续情况,填写"人伤案件跟踪报告"(表7-9)。

(四)考核要点

(1)能否与客户进行良好有效的沟通,沟通过程中注意礼仪,体现专业性。
(2)能否解答人伤保险事故的处理过程。
(3)能否协同小组完成人伤案件的卷宗填写。

机动车人伤案件保险索赔须知确认表　　　　　　　　　　表7-7

被保险人:		车牌号:		联系电话:		
出险时间:		出险地点:				
伤者姓名:		年龄:	性别:	职业:	□农村	□城镇
治疗医院:		科室:	床号:	联系电话:		
请仔细阅读以下内容: 　　被保险人(或驾驶人)接到本须知后,请仔细阅读。并有责任和义务告之医院或经治医生对伤者进行合理治疗,依法收费。超标准超范围的医疗费用保险人有权拒绝。 　　1. 如发生保险责任范围内的涉及人身伤害事故,需由我司承担保险赔偿责任的,具体赔偿范围、项目、标准等参照《最高人民法院关于审理人身损害赔偿案件适用法律若干问题的解释》(法释〔2003〕20号)的有关规定以及保险条款规定执行。 　　2. 医疗费:伤者用药范围应是《四川省基本医疗保险药品目录》内的药品,按当地医保扣除乙类药品自付比例;材料费、特检费自付比例,自费药品不予赔偿。 　　3. 医院应严格按照省物价局、省卫生厅规定的项目及标准收费,超范围和标准的收费保险人不予赔偿。 　　4. 伤者的治疗必须与本次伤情相关,不相关的治疗费不予赔偿。 　　5. 伤者因骨折等损伤所使用的医用材料应是国产材料。若使用进口材料,保险人比照国产普通材料价格定损。						

续上表

6. 伤者医疗费过高,住院时间过长的,需要及时通知保险公司。
7. 伤者回家疗养,未办出院手续挂床而发生的住院费用和相关费用,保险人不予赔偿。
8. 伤者治疗终结申请评残的,应事先告知保险人取得帮助,确保评残公平合理,并在拿到评残鉴定书3日内通知保险人,否则我公司有权重新申请评残。
9. 赔偿误工费的年龄范围:男性18~60岁,女性18~55岁,伤者误工费以医院休息证明为准,休息时间显失公平的以《人身损害受伤人员误工损失日评定准则》(GA/T 521—2004)为准;确因未愈出院养伤误工费以医院证明和保险人根据伤情实际情况确认。误工费必须提供伤者合法误工证明及工资证明,月收入超过个税起征点的,须提供个人所得税完税证明。
10. 护理费:伤者在一般情况下为一人护理,若需两人护理,应提前告知。
11. 续医费:伤者治愈出院,不再计算续医费;未痊愈出院,有医生证明需继续治疗的,按伤情恢复情况及我司人伤定损员调查意见定损。
12. 索赔时,被保险人必须提供医疗手续;出院证、医疗发票、医疗清单(或处方签)、住院病例。门诊必须附处方签。有特殊费用产生,请提前告知保险公司人伤勘员,并提供相关票据作支撑。
13. 被保险人在事故处理过程中,有不详事宜在事故处理前可向我司咨询。

人伤调查员:　　　　　　　咨询电话:

人伤调查报告

表7-8

险种		报案号			
被保险人		出险时间			
保单号		出险地点			
车牌号		联系人		联系电话	
伤员情况		救治情况			

受伤情况:

目前情况及预后:

其他:

处理意见:

已发生医疗费用:	预计总医疗费用:	查勘地点:
调查人:	审核人:	年　月　日

人伤案件跟踪报告　　　　　　　　　　　　　　　表 7-9

险种：	保单号：	被保险人：	车牌号：
立案号：	驾驶人：	联系电话：	调查次数：

伤员姓名		性别		年龄		联系电话		伤情诊断	
入院时间			医院名称				科室床位		
出院时间			出院诊断				住院天数		

探访时间	简要概括
年　月　日	
年　月　日	
年　月　日	
年　月　日	
年　月　日	
附件	

结案报告：

调查人：　　　　　　　　审核人：　　　　　　　　　　　年　月　日

附件一　人伤调查笔录

调查时间：＿＿＿年＿＿＿月＿＿＿日　　　　调查地点：＿＿＿＿＿＿＿＿＿＿
调查人姓名：＿＿＿＿＿＿＿＿＿　　　　　　调查人单位：＿＿＿＿＿＿＿＿＿
被调查人：姓名＿＿＿＿＿＿＿　　性别＿＿＿　年龄＿＿＿　民族＿＿＿　籍贯＿＿＿
　　　　　文化程度：＿＿＿＿＿＿＿　　　　工作单位：＿＿＿＿＿＿＿＿＿
　　　　　家庭住址：＿＿＿＿＿＿＿　　　　身份证号码：＿＿＿＿＿＿＿＿＿
　　　　　联系方式：＿＿＿＿＿＿＿

兹将调查内容记录如下：＿＿＿＿＿＿＿＿＿＿＿＿＿＿＿＿＿＿＿＿＿＿＿＿＿＿＿＿
＿＿
＿＿
＿＿
＿＿
＿＿

附件二 机动车保险一次性赔偿协议书

_____年___月___日,××保险股份有限公司环球分公司客户_____,驾驶_____号车从_____往_____方向行驶。当该车行驶至_____处,发生交通事故,导致_____受伤,伤者经_____医院诊断及治疗后,双方自愿作一次性结案处理。现经双方协商,达成以下协议:

一、××保险环球分公司客户_____,一次性赔偿伤者_____事故结案费用共计人民币_____元整(¥:_____元)。(其中:_____

_____

_____

_____

_____

_____

_____纳入保险公司按责、按保险合同赔付范围)。

二、该协议经双方签字后立即生效,全案终结。伤者今后与中华保险四川分公司客户不再发生任何费用关系及法律关系。

车方代表签名(手印):   伤者签名(手印):

电话: 电话:

证明人签名(手印):   家庭住址:

  年 月 日   年 月 日

三、评价反馈

1. 自我评价

(1) 你能处理单车事故定损吗?

(2) 你能协助小组完成对事故车辆的定损和复勘吗?

(3) 你能帮助客户解答定损疑惑吗?

(4) 你能帮助人伤客户完成定损和索赔吗?

2. 小组评价

(1) 你们小组在接到任务之后组内讨论如何完成任务了吗?

(2)你们小组在完成任务过程中制订明确计划、合理分工吗?

(3)你们小组在完成任务过程中组员都积极参与、相互配合吗?

(4)你们小组在完成任务过程中注重礼仪,并锻炼了沟通表达能力吗?

3.教师评价
(1)小组综合表现:

(2)优势:

(3)待提升之处:

四、学习拓展

车主卜帕斯因疲劳驾驶,驾车撞伤了正在晨练的热布奇老大爷。热布奇大爷的子女闻讯赶来,将车主团团围住,欲揍之而后快。卜帕斯先生在慌乱中拨打了保险公司报案电话,你作为接案人员,该如何规范地完成本次人伤案件的处理?人伤案件规范服务流程及标准见表7-10。

人伤案件规范服务流程及标准　　　　　　　　　表7-10

流　程	工作内容	服务要求与话术
接受派工	(1)接到派工后应立即、主动与客户联系,确认报案信息、指导人伤救助、告知预计查勘时间; (2)向被保险人宣传车险理赔基本原则	要求: (1)及时、主动联系客户; (2)如伤员还在现场,应询问人伤大致情况,指导客户处理(如保护现场、拨打122、120或拦截车辆救助等); (3)如属于群死群伤大案件,应立即赶赴现场,协助客户、交警部门妥善处理人伤事宜(如对伤员现场救助,帮助联系医院、救护、指导客户垫付医疗费等)。 话术: (1)"您好,我叫×××,是××保险公司医疗理赔员,我将为您提供人伤理赔服务。" (2)"我会及时到医院了解伤者医疗情况,并将情况与您沟通。"

续上表

流　程	工 作 内 容	服务要求与话术
住院查勘 (护士站)	(1)核对伤者姓名、年龄、床号； (2)记录伤者住院号、简单诊断、入院时间(精确到小时)	要求： 住院人伤案件在出险后3个工作日以内应及时查勘,做到"主动、快捷"； 话术： "护士小姐,您好！请帮我查一下×××病人的有关情况。"
住院查勘 (病房)	(1)代表公司向伤者表示慰问； (2)询问伤者具体受伤经过； (3)查看伤者伤情、了解既往病史、目前费用情况； (4)询问伤者工作、收入情况、护理人员情况； (5)了解伤者家庭情况——父母兄弟姐妹爱人子女(针对危重伤者)； (6)宣传公司理赔原则	要求： (1)表示慰问,取得伤者信任,获知真实信息； (2)一定要表现出关心、同情、帮助； 话术： (1)"您好,我是××保险公司医疗理赔员,我代表××保险公司向您及您的家属表示慰问。" (2)结束语"祝您早日康复！"
立案	(1)按公司要求填写查勘报告； (2)预估各项费用,及时录入理赔系统	要求： 查勘后1天内完成,内容要翔实,项目准确、金额合理,注意立案时效
反馈信息	(1)查勘和预估情况应及时通知客户,告知其在案件处理中应该注意的事项； (2)再次宣传公司理赔原则	要求： 及时反馈、明确告知,答复客户要"准确、合理"。 话术： (1)"您好,请问是×××先生吗？我是××公司×××,我已到医院了解过伤者,现在把一些情况跟您反馈一下,请您在后续事故处理中注意以下几个问题(针对具体情况而定):……" (2)"有问题请随时跟我联系,谢谢！"
住院查勘 (医生办)	(1)首先亮明身份——保险公司医疗理赔员(依据医院熟悉程度)； (2)向管床医生或病区主任咨询伤者病情(包括入院时情况、具体诊断)、治疗情况(具体用药,手术名称、材料,疗效)、预后情况、费用预估； (3)重点咨询误工休息时间及二次医疗费用,若偏高应与医生协商,并宣传保险理赔原则	要求： 平等、友好交流,体现出专业,既要获得查勘信息,又要为避免产生不合理费用打好预防针。 话术： (1)"您好,我是××保险公司医疗理赔员,我来向您了解一下×××的病情及治疗情况。"同时递上名片。 (2)结束语"非常感谢,有机会再向您请教。"

续上表

流 程	工作内容	服务要求与话术
住院查勘（收费处）	查询伤者目前账目上的预缴款、已用款或欠款。	话术： (1)"您好,我叫×××,是××保险公司医疗理赔员!"(视情况可作自我介绍) (2)"您好,请帮忙查一下×××科室×××床位×××的缴费情况。"
复勘	根据首次查勘情况、案件进展情况,及时安排复查,所有复查结果均应及时告知客户。 案件中可能出现的被抚养人生活费、误工费等,本环节均应及时查勘	要求： 伤情极重的案件出险后10个工作日应有复勘,复勘应注重病情、治疗、费用的变化以及第一次查勘遗漏的细节。
人伤调查	(1)涉及医疗的调查,通过医务科,到病案室调阅病历或走访医疗科室； (2)涉及被抚养人的调查,应到当地派出所调阅相关户籍证明,或到当地居委会了解情况,或直接走访伤亡者家属及邻居； (3)涉及案件的调查,应到事故处理机关调阅原始询问笔录,走访事故当事人或见证人； (4)涉及伤残的调查,应到医院和伤残鉴定部门了解有关情况或咨询权威部门； (5)涉及误工证明的调查,应到单位人事部门、有关税务部门核实情况	要求： 调查强调第一时间、第一地点,讲究策略、随机应变；随身携带介绍信、身份证和工作证(牌)。 话术： (1)"您好,我是××保险公司工作人员,我来了解一下(根据实际情况随机应变)…谢谢您的配合"； (2)"我来做一次回访。"
事故处理	根据客户需要,可提供咨询、指导调解、协助诉讼	要求： (1)尽可能给客户提供方便和技术指导,为客户和公司减少损失； (2)帮助客户列出赔偿项目、计算方法及标准,告知相关法律法规； (3)提醒客户注意责任分摊； (4)有必要可参与事故处理的调解,据理力争； (5)若诉讼,可推荐律师,协助庭审； (6)指导事故处理时,务必跟客户讲清楚民事赔偿与保险赔偿的区别

续上表

流　程	工作内容	服务要求与话术
理赔谈判	根据保险条款和相关的法律法规,并就有争议的费用部分向客户进行合理的解释	要求: 费用核算时,要耐心倾听和理解客户意见,做好解释工作,一定要体现出专业、有理有据、有效沟通,争取客户的满意。 话术: 要避免正面冲突,根据具体情况,因时因地制宜,做到灵活、恰当
人伤核损核赔	通过原始单证或者网上审核,确认各项人伤理赔费用	要求: 及时核损,有理有据,如存在有疑问费用,应指明疑问费用,并及时进行调查核实。 话术: 人伤单证不全时,应及时与客户沟通,"非常遗憾,您提供的材料还不齐全,还需要补充×××材料,请您尽快补充,我们将优先处理您的案件,谢谢您的合作!"

学习任务八　汽车保险赔款结案

学习目标

1. 能够理解损失补偿原则以及它的派生原则;
2. 能够结合所学知识,运用损失补偿原则解决实际赔案;
3. 能够熟悉车险赔款结案的流程,并能在实际情境中运用;
4. 能够理解交强险理赔计算方法,并能通过反复演练独立完成交强险的赔款计算;
5. 能够理解商业险理赔计算方法,并能通过反复演练独立完成商业险的赔款计算;
6. 能够灵活运用所学知识,为客户清楚地讲解保险赔偿金的计算方法;
7. 能够熟悉确定免赔率的注意事项,并能为客户讲解明白;
8. 能够熟悉核赔的流程、内容及要点,并灵活运用于实际案件中独立完成核赔工作;
9. 能够理解结案及单证管理的要点,并能运用所学知识,独立完成汽车保险理赔案件的结案归档工作。

学习内容

1. 损失补偿原则的含义和因素;
2. 损失补偿原则的例外情况;
3. 损失补偿原则的派生原则;
4. 交强险的赔款计算;
5. 商业险的赔款计算;
6. 确定免赔率的注意事项;
7. 核赔的流程、内容及要点;
8. 结案处理的主要任务;
9. 单证管理的工作流程。

建议学时:18 学时。

一、任务描述

客户李先生 2017 年 8 月 1 日全款购买一辆大众轿车,市场价为 13 万元,并以此向保险公司投保了交强险、机动车损失险、机动车第三者责任险和不计免赔特约险,期限一年。2018 年 5 月 15 日李先生在高速公路上驾车,因跟车过近,不慎撞上前面一辆集装箱货车,造成大众轿车全部报废,李先生受伤。李先生向保险公司提出索赔。保险公司认定事故属于保险责任,但双方在具体索赔金额上未达成协议。原因在于此款大众轿车的价格已于2018年初在全国范围内进行了大幅度调整,新车价格于2017年的13万元降至11.8万元。李先生家属李新认为购买不到一年的新车,要求保险公司按机动车损失险保险金额13万元索赔。保险公司则以被保险人不应获利为由,坚持按照调整后价值11.8万元计算索赔。你作为一名车险核赔专员,请你根据所学知识来帮助他完成该车辆的保险赔款结案工作。

二、任务分析

要想完成李先生车辆的赔款结案工作,首先车险理赔专员必须正确理解损失补偿原则,并运用损失补偿原则,计算损失补偿费用,帮助李先生家属李新分析该车损失补偿方案,解决其疑虑。同时,核赔是理赔结案流程的最后一环,也是对赔案是否合理定性定量把关的一环,前面各环节的疏漏将在本环节得到控制,是对接报案、查勘、定损、核价、核损、理算等岗位工作质量的监控,是理赔质量的最终体现,作为核赔工作人员需要对该保险理赔各环节质量进行全面、细致的把控。因此,要完成好核赔的工作,就必须严格遵守核赔流程,按照核赔要求办事。

子任务1 损失补偿原则

一、知识准备

(一) 损失补偿原则的含义

损失补偿原则,是指保险合同生效后,当保险标的发生保险责任范围内的损失时,通过保险赔偿,使被保险人恢复到受灾前的经济原状,但不能因损失而获得额外收益。

(1) 被保险人只有受到约定的保险事故所造成的损失,才能得到补偿。在保险期限内,即使发生保险事故,但如果被保险人没有遭受损失,就无权要求保险人赔偿。这是损失补偿原则的质的规定。

(2) 补偿的量必须等于损失的量,即保险人的补偿恰好能使保险标的恢复到保险事故发生前的状况,被保险人不能获得多于或少于损失的补偿,尤其是决不能使被保险人通过保险获得额外的利益。这是损失补偿原则的量的限定。损失补偿原则主要适用于财产保险以及其他补偿性的保险合同。损失补偿原则最直接地体现了保险的经济补偿职能。

(二) 损失补偿的范围

损失补偿的范围是指保险人应对被保险人的哪些损失予以补偿。一般而言,主要包括:

(1) 保险事故发生时,保险标的的实际损失。在财产保险中,实际损失的计算,通常以损失发生时受损财产的实际现金价值为准,但最高赔偿额以保险标的的保险金额为限。

(2) 合理费用。合理费用主要指施救费用和诉讼支出。我国《保险法》第五十七条规定:"保险事故发生时,被保险人应当尽力采取必要的措施,防止或者减少损失。保险事故发生后,被保险人为防止或者减少保险标的的损失所支付的必要的、合理的费用,由保险人承担;保险人所承担的费用数额在保险标的的损失赔偿金额以外另行计算,最高不超过保险金额的数额。"第六十六条又规定:"责任保险的被保险人因给第三者造成损害的保险事故而被提起仲裁或者诉讼的,被保险人支付的仲裁或者诉讼费用以及其他必要的、合理的费用,除合同另有约定外,由保险人承担。"

(3)其他费用。其他费用主要指为了确定保险责任范围内的损失所支付的受损标的的检验、估价、出售等费用。

需要注意的是,保险标的本身的损失与费用的支出应分别计算,费用支出的最高赔偿额不得超出保险金额。

(三)损失补偿的方法

从保险实践来看,主要有以下几种补偿方法:

(1)现金赔付。在大多数情况下,保险人都采取此种方法。无形财产保险,如责任保险、信用险、保证险等,只能采取现金赔付的方法。

(2)修复。在有形财产保险中,当保险标的发生部分损失,保险人可委托有关修理部门,对受损的保险标的物予以修复,费用由保险人负担。此方法多适用于汽车保险。

(3)更换。当保险标的物因保险事故发生而遭受损失时,保险人可以对标的物的受损部分或全部予以更换。该方法多适用于玻璃单独破碎险等。因考虑原标的物的折旧,保险人通常享有一定的折扣。

(4)重置。重置即对被保险人毁损、火失的标的物,保险人负责重新购置与原标的物等价的物品,以恢复被保险人的原财产状态。该方法一般适用于不动产或一般财产保险。但目前保险人很少采用此种方法。

(四)保险补偿的责任限额

保险补偿的责任限额又称损失补偿原则的限制条件,保险人在履行损失补偿义务过程中,会受到各种因素的制约,这些因素主要有实际损失、保险金额和保险利益。

1. 以实际损失为限

保险补偿以实际损失为限。当投保财产遭受保险责任范围内的损失时,不论保险合同约定的保险金额是多少,被保险人所能获得的保险赔偿不得超过其实际损失。

2. 以保险金额为限

保险金额是保险人承担赔偿责任的最高限额。保险人的赔偿金额在任何情况下,均不能超过保险金额,只能低于或等于保险金额。

3. 以保险利益为限

保险利益是保险补偿的最高限度。保险赔款不得超过被保险人对遭受损失的财产所具有的保险利益,当被保险人的保险利益发生变更或减少时,保险补偿应以被保险人实际存在的保险利益为限。

(五)损失补偿原则的例外情况

1. 定值保险

在财产保险中,一般保险标的价值都能用实际现金价值来进行衡量,但仍有一些财产的价值难以确定或者经常处于变动当中,如古董文物、珠宝玉石、名人字画以及海洋运输中的货物等,这时就出现了定值保险。定值保险是指投保人与保险人在订立合同时,约定保险标的价值,并以此作为保险金额来计算保险费及保险人承担的最高责任限额。定值保险视为足额投保,当发生保险事故时,不论保险标的的实际价值如何变化,保险人最终按照约定的价值来计算赔款,而不是按照保险标的在出险时的实际价值来计算赔款,显然损失补偿原则不适用于定值保险。

2. 重置成本保险

重置成本保险又称复旧保险或恢复保险,是按照重置成本确定损失额的保险。由于这种保险在确定损失赔付时不扣除折旧,而是按重置成本确定损失额,所以,对于损失补偿原则而言,也是一种例外。

3. 人寿保险

人寿保险是由投保人与保险人互相约定保险金额,并按照约定的保险金额给付赔偿的保险。人的生命是难以用货币衡量的,人寿保险中的保险金额是由投保人或被保险人自行确定的,而且当发生保险事故时,倘若其持有多份保单,被保险人或受益人可获得多重给付。因此,损失补偿原则也不适用于人寿保险。

(六)损失补偿原则的派生原则

从损失补偿原则派生出来的,还有分摊原则和代位原则。它们也都仅适用于财产保险而不适用于人身保险。

1. 重复保险损失分摊原则

分摊原则仅适用于财产保险中的重复保险,是指在同一投保人对同一保险标的、同一保险利益、同一保险事故分别与两个以上保险人订立保险合同的情况下,被保险人在发生保险事故后,所得赔偿金由各保险人采用适当的方法进行分摊。重复保险的投保人有权请求各保险人按比例返还保险费。

在重复保险情况下,对于损失后的赔款,保险人如何进行分摊,各国做法有所不同。主要有以下三种分摊方法:

(1)比例责任制。比例责任制又称保险金额比例分摊制,该分摊方法是将各保险人所承保的保险金额进行相加,得出各保险人应分摊的比例,然后按比例分摊损失金额。

公式为:

$$某保险人责任 = \frac{某保险人的保险金额}{所有保险人的保险金额之和} \times 损失额$$

(2)限额责任制。限额责任制又称赔款额比例责任制,即保险人分摊赔款额不以保额为基础,而是按照在无他保的情况下各自单独应负的责任限额进行比例分摊赔款。

公式为:

$$某保险人责任 = \frac{某保险人独立责任限额}{所有保险人独立责任之和} \times 损失额$$

(3)顺序责任制。顺序责任制又称主要保险制,该方法中各保险人所负责任依签订保单顺序而定,由先订立保单的保险人首先负责赔偿,当赔偿不足时再由其他保单依次承担不足的部分。

顺序责任制对有的保险人有失公平,因而各国实务中已不采用该法,多采用前两种分摊方法。《保险法》第五十六条规定:重复保险的各保险人赔偿保险金的总和不得超过保险价值。除合同另有约定外,各保险人按照其保险金额与保险金额总和的比例承担赔偿保险金的责任。

2. 代位追偿原则

代位追偿原则是指保险人依照法律或保险合同约定,对被保险人遭受的损失进行赔偿后,依法取得向对财产损失负有责任的第三者进行追偿的权利或者取得被保险人对保险标的所有权。包括代位追偿和物上代位。

(1)规定代位追偿原则的意义。规定代位追偿原则的意义在于有利于被保险人及时获得经济补偿,尽快恢复正常的生产和生活;维护社会公共利益,保障公民、法人的合法权益不受侵害和防止被保险人因同一损失而获取超额赔偿。

(2)代位追偿原则的内容。代位追偿原则的内容主要包括两个部分:代位求偿和物上代位。

①代位求偿。代位求偿是指当保险标的遭受保险责任范围内的事故,依法应当由第三者承担赔偿责任时,保险人在支付保险赔偿金之后,便取得了对第三者请求赔偿的权利。

行使代位求偿权要具备一定的前提条件,具体条件如下:

a. 保险标的损失的原因是保险事故,同时又是由于第三者的行为所致。这样被保险人对保险人和第三者既可以依据保险合同向保险人要求赔偿,也可以依据法律向第三者要求赔偿。

b. 保险人取得代位求偿权是在按照保险合同履行了赔偿责任之后,即被保险人对保险公司和肇事方同时存在损失赔偿的请求权。如果保险公司依法承担了赔偿责任,则保险公司获得了代替被保险人向肇事者追偿损失的权利。

c. 被保险人未放弃针对第三者的赔偿请求权。如果被保险人放弃了对第三者请求赔偿的权利,则保险人在赔偿被保险人的损失之后就无权行使代位求偿权。

d. 行使代位求偿权对保险双方都有一定的要求,具体要求见表8-1。

行使代位求偿权对保险双方的要求 表8-1

保险双方	具体要求
对保险人的要求	(1)其行使代位求偿权的权限只能限制在赔偿金额范围以内。如果追偿所得的款额大于赔付给被保险人的款额,其超过部分应归还给被保险人所有; (2)保险人不得干预被保险人就未取得保险赔偿的部分向第三者请求赔偿
对被保险人的要求	(1)如果被保险人在获得保险人赔偿之前放弃了向第三者请求赔偿的权利,那么,就意味着他放弃了向保险人索赔的权利; (2)如果被保险人在获得保险人赔偿之后,未经保险人同意而放弃对第三者请求赔偿的权利,该行为无效; (3)如果发生事故后,被保险人已经从第三者取得赔偿或者由于过错致使保险人不能行使代位求偿权,保险人可以相应扣减保险赔偿金; (4)在保险人向第三者行使代位求偿权时,被保险人应当向保险人提供必要的文件和其所知道的有关情况

②物上代位。物上代位是指保险标的物因遭受保险事故而发生全损时,保险人在全额支付保险赔偿金之后,依法拥有对该保险标的物的所有权,即代位取得受损保险标的物上的一切权利。

《保险法》第五十九条规定:保险事故发生后,保险人已支付了全部保险金额,并且保险金额等于保险价值的,受损保险标的的全部权利归于保险人;保险金额低于保险价值的保险人按照保险金额与保险价值的比例取得受损保险标的的部分权利。

物上代位的产生有两种情况:一是发生在实际全损后有残留物,保险人全额赔付后,残留物归保险人;二是发生推定全损,推定全损是指保险标的发生保险事故后,认为实际全损已不可避免,或为避免发生实际全损所需支付的费用将超过保险价值,而按全损予以赔偿。

代位求偿与物上代位存在明显区别：第一，代位求偿的保险标的的损失是由第三者责任引起的；第二，代位求偿取得的是追偿权，而物上代位取得的是所有权。在物上代位中，保险人取得了对保险标的的所有权利和义务。

在保险车辆被盗抢的情况下，保险人赔偿后，如被盗抢的保险车辆找回，应将该车辆归还被保险人，同时收回相应的赔款。如果被保险人不愿意收回原车，则车辆的所有权归保险人。这是代位原则所要求的。

目前，我国各家保险公司的机动车辆保险条款，对代位求偿的范围和行使等方面都有明确规定，并且在实务中也被广泛采用。

二、任务实施

（一）任务目标

(1) 能够与客户进行良好有效的沟通，分析客户保单投保项目信息与该款车辆的现值。

(2) 能够运用所学知识，结合客户实际情况，为客户分析影响保险人履行损失补偿义务的因素。

(3) 能够运用损失补偿原则，为客户计算损失补偿费用，帮助客户解决费用赔付的疑虑。

（二）准备工作

实训用事故车辆、客户车辆保险合同、理赔流程手册、计算器、笔、计算机。

（三）工作内容

根据损失补偿原则，小组成员分析该案中影响保险人履行损失补偿义务的因素，说明损失补偿原因，并填写"车辆损失补偿因素分析报告"（表8-2）；通过角色分配进行情景模拟，尝试进行客户李先生与保险核赔专员就车辆损失赔偿问题进行良好有效沟通的演练。

车辆损失补偿因素分析报告　　　　　　　　　　　　表8-2

车辆现价信息	保险金额	影响该车保险补偿的因素	选择理由	损失补偿费用计算结果

考核要点：

(1) 能否与客户进行良好有效的沟通，沟通过程中注意礼仪及沟通表达技巧，体现保险核赔专员的专业性。

(2) 能否运用损失补偿原则，为客户李先生正确解释该案中影响保险人履行损失补偿义务的因素，说明损失补偿原因，计算损失补偿费用。

三、评价反馈

1. 自我评价

(1) 你能用自己的语言为客户解释什么是损失补偿原则吗？

(2) 你能说出影响保险人履行损失补偿义务的因素吗？

(3)你能合理地为客户说明损失补偿原因吗？

(4)你能帮助客户选择合适的影响保险人履行损失补偿义务的因素吗？

2. 小组评价

(1)你们小组在实施任务前制订明确的计划了吗？

(2)你们小组在完成任务过程中有明确的分工以及角色分配吗？

(3)你们小组在完成任务过程中组员都积极参与、相互配合默契吗？

(4)你们小组在完成任务过程中注重礼仪及沟通表达技巧，体现了保险核赔专员的专业性吗？

3. 教师评价

(1)小组综合表现：

(2)优势：

(3)待提升之处：

四、学习拓展

2003年9月，李先生为其子投保了某保险公司一年期学生、幼儿保险附加意外伤害医疗及附加住院医疗保险。保险期间，其子在院中玩耍时被一辆小轿车撞伤，发生医疗费用1万多元，该医疗费用全部由汽车驾驶人给予了赔偿。李先生虽然获得了赔偿，但想起其子还投保了意外伤害医疗保险，遂以其子受伤住院治疗为由，向保险公司申请理赔，但遭到了保险公司拒赔。请你根据损失补偿原则，为李先生分析并说明拒赔理由。

子任务2　汽车保险核赔与结案

一、知识准备

(一)核赔

1. 核赔的含义

保险核赔是指保险公司专业理赔人员对保险赔案进行审核，确认赔案是否应该赔、应该怎样赔或应该怎样拒赔的业务行为。核赔是通过理赔过程中的定责、定损、理算等环节的审核和监控实现的。核赔管理是通过对上述过程中可能出现的偏差和风险，通过一定制度加以控制和防范，以便主动、迅速、准确、合理地处理赔案，充分发挥保险的补偿职能。

核赔对理赔质量的控制体现在案件的处理过程中，一是及时了解保险标的的出现原因、损失情况，对重大案件，核赔师应参与现场查勘（图8-1）；二是审核确定保险责任；三是核定损失；四是审核赔款计算。

图8-1　汽车核赔师参与车险事故现场查勘

2．核赔原则

保险核赔应遵循以下原则：

（1）工作认真负责，要做到主动、迅速、准确、合理核赔。

（2）禁止单人查勘、单人定损。

（3）严格执行合同条款，准确计算赔款。

（4）坚持复核和逐级上报制度。

3．核赔的流程

核赔工作是汽车保险理赔环节中最为重要的环节，其具体的核赔工作流程如图8-2所示。

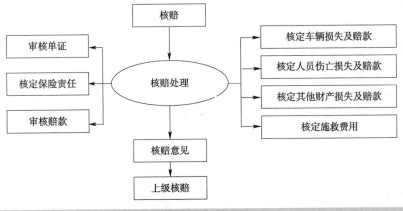

图8-2　核赔工作流程图

4．核赔的内容及要点

（1）审核单证。

①审核被保险人提供的单证、证明及相关材料是否齐全、有效，有无涂改、伪造等。

②审核经办人员是否规范填写有关单证。

③审核相关签章是否齐全。

（2）核定保险责任。

①被保险人与索赔人是否相符。

②出险车辆的厂牌型号、牌照号码、发动机号码、车架号与保险单证是否相符。

③出险原因是否为保险责任。

④出险日期是否在保险期限内。

⑤赔偿责任是否与保险险别相符。

⑥事故责任划分是否准确合理。

(3)核定车辆损失及赔款。
①车辆损失项目、损失程度是否准确合理。
②更换件是否进行询报价,定损项目与报价项目是否一致。
③拟赔款金额是否与报价金额相符。
(4)核定人身伤亡损失与赔款。
①伤亡人员数、伤残程度是否与调查情况和证明相符。
②人员伤亡费用是否合理。
③被抚养人口、年龄是否属实,生活费计算是否合理。
(5)核定其他财产损失。
应根据照片和被保险人提供的有关货物、财产发票、有关单证,核实所确定的财产损失和损失物资残值等是否合理。
(6)核定施救费用。
审核涉及施救费用的有关单证和赔付金额。
(7)审核赔付计算。
审核赔付计算是否准确,免赔率使用是否正确,残值是否扣除等。
(8)核赔权限。
属于本公司核赔权限的,审核完成后,核赔人员签字并报领导审批。属于上级公司核赔的,核赔人员提出核赔意见,经领导签字后,报上级公司核赔。在完成各种核赔和审批手续后,转入赔付结案程序。

(二)结案

如果遭遇了保险事故,只要投保了相应的保险,就能向保险公司申请理赔。

需要注意的是,很多保险公司需要交通事故结案后才能赔付相应理赔金。

1. 结案处理要点

(1)赔案按分级核赔、审批后,业务人员通知会计部门支付赔款。
(2)审核领取赔款人身份证和被保险人出具的授权委托书,支付赔款。
(3)有关理赔单据清分。
(4)支付赔款后,在系统中做结案处理。

2. 结案时间的规定

《保险法》第二十三条规定:保险人收到被保险人或者受益人的赔偿或者给付保险金的请求后,应当及时作出核定;情形复杂的,应当在三十日内作出核定,但合同另有约定的除外。保险人应当将核定结果通知被保险人或者受益人;对属于保险责任的,在与被保险人或者受益人达成赔偿或者给付保险金的协议后十日内,履行赔偿或者给付保险金义务。保险合同对赔偿或者给付保险金的期限有约定的,保险人应当按照约定履行赔偿或者给付保险金义务。

第二十四条、第二十五条规定:保险人依照本法第二十三条的规定作出核定后,对不属于保险责任的,应当自作出核定之日起三日内向被保险人或者受益人发出拒绝赔偿或者拒绝给付保险金通知书,并说明理由。保险人自收到赔偿或给付保险金的请求和有关证明、资料之日起六十日内,对其赔偿或者给付保险金的数额不能确定的,应当根据已有证明和资料可以确定的数额先予支付;保险人最终确定赔偿或者给付保险金的数额后,应当支付相应的差额。

3.单证管理

理赔案卷管理主要包括清分单证、案卷的整理与装订、案卷的登记与保管、案卷借阅等。工作内容及要求如图8-3所示。

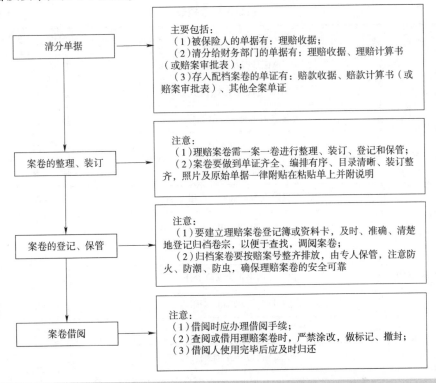

图8-3 理赔案卷清分工作内容及要求

二、任务实施

(一)任务目标

(1)能整理、分析已有的各种保险单证。

(2)根据对各保险单证的分析,最终审核承保车辆的理赔金额。

(3)根据所审核的理赔金额,通知会计部门支付赔款。

(4)能对相关理赔单证进行清分。

(5)在会计部门支付赔款后,能在系统中作结案处理。

(二)准备工作

保险客户档案表、保险单证复印件、保险单据、保险操作系统。

(三)工作内容

根据业务部分送来的相关单据,对捷达事故车进行核赔,在确定核赔额度后通知会计部门支付赔款,并最终进行结案处理。

考核要点:

(1)能否对保险单证进行整理、分析并清分保险单证。

(2)能否对理赔进行复核审查,并作出批示意见,并报送主管或负责人审批。

(3)能否够按照流程通知会计部门支付赔款,并在支付后做结案处理。

(4)整个操作过程、核赔手续是否完整无遗漏,单据保管是否得当,并将整个操作过程评价填入表8-3。

核赔过程考核表 表8-3

序号	审核项目		核实结果		备注
1	单证	单证是否齐全、有效	是	否	
		单证是否有涂改、伪造	是	否	
		经办人员是否规范填写	是	否	
		签章是否齐全	是	否	
		索赔单证是否规范填写	是	否	
2	保险责任	被保险人与索赔人是否相符	是	否	
		出险车辆的厂牌型号、牌照号码、发动机号码、车架号与保险单证是否相符	是	否	
		出险原因是否为保险责任	是	否	
		出险日期是否在保险期限内	是	否	
		赔偿责任是否与保险险别相符	是	否	
		事故责任划分是否准确合理	是	否	
3	核定车辆损失及赔款	车辆损失项目、损失程度是否准确合理	是	否	
		更换件是否进行询报价,定损项目与报价项目是否一致	是	否	
		拟赔款金额是否与报价金额相符	是	否	
4	核定施救费用	是否核定施救费用	是	否	
5	审核赔付计算	审核赔付计算是否准确,免赔率使用是否正确,残值是否扣除	是	否	
6	其他				

三、评价反馈

1. 自我评价

(1)你能说出核定赔款的内容吗?

(2)你能完成对汽车保险单证和赔款审核的工作吗?

(3)你能根据对有关理赔单据进行科学、合理的清分工作吗?
_____

(4)你能在支付赔款后,在系统中作结案处理吗?
_____

2. 小组评价

(1)你们小组在接到任务之后组内讨论如何完成任务,并制订明确的计划了吗?
_____

(2)你们小组在完成任务过程中有明确的分工,且分工合理吗?
_____

(3)你们小组在完成任务过程中组员都积极参与、相互配合吗?
_____

(4)你们小组在完成任务过程中体现出保险核赔人员的专业性吗?
_____

3. 教师评价

(1)小组综合表现:
_____

(2)优势:
_____

(3)待提升之处:
_____

四、学习拓展

在完成捷达事故车的核赔工作之后,4S店又送进来了两辆事故车,经过了解发现:这是一起双车追尾事件,车主双方分别在不同的保险公司购买了保险,保险部的同事已经完成了前期的核保、现场勘查等相关工作,且同事已将相关单据报呈核赔专员处,现请你灵活运用所学知识,完成保险核赔和结案及清分等工作。

参 考 文 献

[1] 常兴华.汽车保险与理赔一体化教程[M].北京:机械工业出版社,2013.
[2] 荆叶平.汽车保险与理赔[M].北京:人民交通出版社股份有限公司,2017.
[3] 李景芝,赵长利.汽车保险与理赔[M].北京:国防工业出版社,2007.
[4] 姚美红,栾琪文.事故车辆查勘与定损[M].2版.北京:人民邮电出版社,2016.
[5] 梁军.汽车保险与理赔[M].4版.北京:人民交通出版社股份有限公司,2015.
[6] 杨连福,郑锡伟.汽车保险原理与实务[M].北京:北京理工大学出版社,2014.
[7] 林绪东.汽车保险定损与理赔实务[M].北京:机械工业出版社,2016.
[8] 胡新宇.汽车公估查勘定损[M].北京:化学工业出版社,2014.
[9] 明光星,李文才.事故车查勘定损实用教程[M].北京:机械工业出版社,2013.